华理工大学

（目名称：我国新能源产业投资问题研究，编号：DHBK2018094）

华理工大学资源与环境经济研究中心

（目名称：江西省新能源投资对碳排放影响机制研究，编号：21JDJJ02）

何源明　著

我国新能源产业投资问题研究

The Research on Investment of China's New Energy Industry

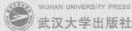

WUHAN UNIVERSITY PRESS
武汉大学出版社

图书在版编目(CIP)数据

我国新能源产业投资问题研究/何源明著.—武汉:武汉大学出版社,
2022.12(2023.11 重印)
ISBN 978-7-307-23239-6

Ⅰ.我… Ⅱ.何… Ⅲ.新能源—能源工业—投资—研究—中国
Ⅳ.F426.2

中国版本图书馆 CIP 数据核字(2022)第 137507 号

责任编辑:陈　帆　　责任校对:汪欣怡　　版式设计:马　佳

出版发行:**武汉大学出版社**　　(430072　武昌　珞珈山)
　　　　(电子邮箱:cbs22@ whu.edu.cn 网址:www.wdp.com.cn)
印刷:武汉邮科印务有限公司
开本:787×1092　1/16　印张:10.75　字数:245 千字　插页:1
版次:2022 年 12 月第 1 版　　2023 年 11 月第 2 次印刷
ISBN 978-7-307-23239-6　　定价:46.00 元

目　　录

1 绪　　论

1.1　研究背景与意义

随着经济快速发展，化石能源的消费不仅造成环境污染，给人类健康带来危害，而且影响我国经济可持续发展和能源安全，因此寻找替代能源成为社会和经济发展的重要工作。新时代背景下，我国经济进入新常态，提出以供给侧结构性改革理论解决新能源产业投资中的问题，同时也引发了人们对新能源消纳难的质疑，那么供给侧结构性改革理论能否解决该问题？本书正是在此背景下选择将我国新能源产业投资问题作为研究，以探讨新能源产业投资的意义和策略。

1.1.1　研究背景

(1)能源作为国际公共品的特殊属性

随着国际新能源产业的蓬勃发展，2016 年，全世界有 153 个国家制定了新能源产业发展政策，105 个国家制定了新能源电力上网配额制度，120 个国家制定了新能源产业的补贴或税收优惠。[①] 能源作为国际公共产品，与社会生产和生活紧密相关，由于传统能源资源的消耗，全世界正寻求新能源作为替代品，向全球输出新能源产品，达到市场垄断和技术占领的目的，以争夺未来能源市场的"话语权"。

(2)中国新能源消纳难引发的质疑

近 20 年来，新能源产业投资在全球"如火如荼"地进行，我国也大力支持新能源产业投资，在中央和地方政府政策和资金的支持下，我国大量新能源项目启动建设。尤其是在供给侧改革背景下，我国提出以提高有效供给为目标，大力发展新能源。2020年底，我国已关停 100 多家火电厂，暂缓全国 29 个新火电站的建设，新能源产业投入达 3600 亿美元，这些举措显示我国正快速向新能源产业时代迈进。[②] 随着新能源项目的建成投产，新能源的消纳也存在一定困难，造成了相对的"产能过剩"。2017 年我国

---

① Renewables 2017 Global Status Report. www.ren21.net.
② 国家能源局，www.nea.gov.cn.

弃风量 419 亿千瓦时，弃风率为 12%；弃光电量 73 亿千瓦时，弃光率为 6%；两者废弃电量相当于 2017 年三峡水电站半年的发电量。因此，引发社会对新能源产业是否"过度投资"的质疑。①

（3）中国在巴黎气候大会中面临的"碳约束"

中国在 2015 年的巴黎气候大会上承诺，到 2030 年左右二氧化碳排放达到峰值，2030 年单位国内生产总值二氧化碳排放比 2005 年下降 60%～65%，非化石能源占一次能源消费比重达到 20%左右，森林蓄积量比 2005 年增加 45 亿立方米左右。因此，如何化解"碳约束"，降低碳排放强度，是关系我国经济可持续发展的重要问题②，而碳减排最有效的方式是大力发展新能源。

（4）"资源战争"引发能源经济安全

"资源战争"特别是石油引发的战争，如两伊战争、海湾战争、车臣战争、颜色革命、苏丹的达尔富冲突，不仅造成石油供给减少，油价上升，而且导致经济衰退并影响一国能源经济安全。如 1973—1974 年，世界爆发了第一次石油危机，导致中东地区限油提价，禁止石油输出，油价从每桶 3.01 美元上涨至 10.651 美元，导致西方国家经济严重衰退。1978—1981 年，世界第二次石油危机造成油价飙涨。美国 GDP 由 1978 年的 5.6%下降至 1980 年的 3.2%，1982 年甚至降至-0.2%。1982 年，日本吸取了第一次石油危机的教训，通过调整产业结构和加大新能源的利用等措施，GDP 保持 3.35%增长。1990 年的海湾战争和伊拉克战争，其直接原因就是石油战争。③

石油危机造成供需失调，价格上涨，导致经济由繁荣走向衰退，给全球经济带来影响，威胁一国能源经济安全。美国发动的伊拉克战争，主要目的不是获得廉价石油，而是阻止石油流向正在崛起的国家，尤其是我国。美国通过控制能源的输送路线，来对中国未来的经济发展设置障碍。

1.1.2 研究意义

2000 年起，新能源产业投资在全球掀起热潮，不仅发达国家大力支持新能源产业的发展，发展中国家也积极跟进。目前，新能源产业投资成为我国刺激经济发展的重要措施。为了探究新能源产业投资能给我国经济带来多大效应，本书拟从宏观投资效率和宏观经济效应两方面来探索我国新能源产业投资带来的效应，找出影响新能源产业投资的关键因素，并提出优化我国新能源产业投资的思路与政策建议。

---

① 国家能源局，www.nea.gov.cn.
② 习近平同志在巴黎气候大会上发表题为《携手构建合作共赢、公平合理的气候变化治理机制》的重要讲话。
③ 任皓. 新能源危机中的大国对策[M]. 北京：石油工业出版社，2014.

（1）理论意义

新能源产业是否像集成电路产业那样出现"摩尔定律"①，实现快速发展？一直以来，众多解释是由于产业外部性理论造成的。为解决外部性市场失灵问题，应用最多的是庇古税理论，各国对新能源产业进行补贴和对传统化石能源进行征税。科斯解决外部性问题是用产权排污理论，比如我国建立的国际清洁能源发展机制（CDM）和国内碳交易市场。但经过20多年的发展，我国新能源产业发展速度比预期要慢，同时也存在大量的弃风和弃光现象，出现新能源消纳难问题。因此，如何解决目前的新能源消纳问题和解决未来新能源替代问题，仅靠外部性理论不足以解释，需要从新的视角和理论来分析。新能源除了开采和利用技术落后于化石能源外，发展缓慢的主要原因是被化石能源所建造的垄断系统所"俘获"，制度和机制更新慢，阻碍了新能源的开采、利用和传播，造成新能源消纳难，比如投融资政策和资金供给更倾向于传统能源，而不是新能源。要想突破这种阻碍，必须从新能源各利益方着手，逐步打破这种系统格局。

因此，本书以提高宏观投资效率和改善宏观经济效应为手段，以实现新能源产业发展为目标，以战略性新兴产业和供给侧结构性改革等理论去突破新能源产业发展困境，从而进一步完善新能源产业投资理论，增强其解释力和实践力。

（2）实践意义

①本书研究有助于阐述新能源产业投资的意义。投资是新能源产业发展的催化剂，对于大多数发展中国家来说，资本是稀缺资源，资金不足将严重束缚各项经济工作的开展。没有投资的支持，产业发展得不到资金，很多项目只能停留在理论上，成为"空中楼阁"，在实施中会遇到很多问题。如果企业无法从中获得经济效益，就会失去对新能源产业投资的动力。由此可见，对新能源产业投资问题进行研究，为企业提供顺畅的投资渠道，与各利益相关方达到共赢，是新能源产业大规模发展的前提条件。

②本书研究有助于明确新能源产业投资主体问题。由于新能源属于准公共产品，一方面具有公益性质，另一方面具有私人物品性质。具有公益性质的产品以政府投入为主，这一特征决定其公共部分投资主要依赖政府的公共投资。私人物品性质决定了新能源产品的开发需要大量资金，而仅依靠公共财政资金难以支持，需要不断从外部引进资金。因此，实现投资主体多元化，建立多种投资主体共存，最大限度满足产业发展需求。

③本书有助于研究新能源产业投资对经济可持续发展的作用。过去40年，无论是增长速度和数量，我国经济都取得了巨大成功，可这种成功是以环境污染和资源消耗为代价，环境保护和经济发展矛盾也日益突出。以煤炭等传统化石能源为主导的能源体系，是我国能源结构的主要矛盾。从能源的消费比例来说，2016年煤炭占比62%，石油占比

---

① 摩尔定律是由英特尔创始人戈登·摩尔提出的，内容为：当价格不变，集成电路上可容纳的元器件数目，隔18~24个月会增加一倍，性能提升一倍（www.baike.baidu.com）。

18.3%，天然气占比 6.4%，一次性电力等企业能源占比 13.3%。从发电装机容量构成来看，2016 年火电占比 64.3%，水电占比 22%，核电占比 0.2%，风电占比 8.9%，太阳能发电占比 4.6%。[①] 虽然太阳能和风电占比逐步上升，但火电依然是发电装机容量的主力。在未来工业化和城市化发展的道路上，如何平衡能源消费、经济发展和环境保护之间的关系，实现低碳经济和可持续发展，是我国的一项重要战略任务。

1.2　问题提出

我国新能源产业被列为战略性新兴产业。2010 年 10 月，国务院会议通过了《关于加快培育和发展战略性新兴产业的决定》，并于 2012 年颁发了《"十二五"国家战略性新兴产业发展规划》，战略性新兴产业包括新能源、新材料、节能环保、新一代信息技术、生物医药、高端装备制造和新能源汽车七大产业。为促进战略性新兴产业发展，我国从中央到地方都进行了部署和推进。[②]

新能源产业作为我国战略性新兴产业，经过 20 多年的快速发展，需要对其投资过程中存在的一些问题进行研究。本书选择我国新能源产业投资问题作为研究重点，主要解决以下两个问题。

(1) 寻求提高我国新能源产业宏观投资效率的措施

经过 20 多年的发展，我国新能源产业投资有了一定的基础，需要进行阶段性的总结和对其宏观投资效率进行研究，主要包括：一是要分析我国新能源产业投资收益处于哪个阶段，是在规模收益递增阶段，还是在规模收益递减阶段。二是要判断我国新能源产业投资规模是否存在"非理性扩张""投资是否过度"等问题。三是要研究我国新能源产业投资质量、与国际先进技术的差距和投资效率等问题。

(2) 寻求有效改善我国新能源产业投资宏观经济效应的措施

我国将新能源产业作为战略性新兴产业，经过 20 多年的发展，该产业的投资和发展效应如何，以及宏观经济效应的影响因素有哪些？因此，需要对该产业投资宏观经济效应进行深入研究。一是定性分析新能源产业投资对宏观经济效应的关系；二是定量分析新能源产业投资与宏观经济效应指标的系数值；三是分析我国新能源产业投资宏观经济效应的影响因素，并寻找有效改善我国新能源产业投资宏观经济效应的措施。

---

① 资料来源：2017 年中国统计年鉴。

② 国家层面目前已先后出台了《关于加快培育和发展战略性新兴产业的决定》《关于鼓励和引导民营企业发展战略性新兴产业的实施意见》《关于促进战略性新兴产业国际化发展的指导意见》《"十二五"国家战略性新兴产业发展规划》以及节能环保产业、新一代信息技术产业等专项产业规划，为战略性新兴产业的发展提供了指导性意见。

1.3 国内外研究现状

1.3.1 关于新能源产业投资问题的研究综述

关于新能源产业投资问题的研究较多，目前主要集中在投资机制、投资环境和投资补偿机制等方面。具体如下：

（1）关于新能源产业投资机制的研究

投资机制对新能源产业投资有重要的意义，目前关于新能源产业投资机制的研究主要表现在四个方面：一是发挥政府机制作用。德国光伏产业的领先，政府机制是关键，如政府制定了研发投入体制和固定上网电价制度（Jacobsson et al.，2006）。[1] 二是完善管理机制。我国风电发展只重装机，不重发电，致使弃风现象经常发生，这主要是由于风电管理机制不完善所致。袁炜、成金华（2008）[2]认为我国清洁能源发展需要完善政府管理机制，包括机构设置、法律法规体系以及经济激励等措施。我国风电和光伏有补贴和其他政策扶持，潜力较大，但由于供给和需求不匹配导致弃风、弃光现象发生，要想大力发展新能源产业，还需充分发挥市场机制和改革投融资体制（徐楚锟，2010）。[3] 三是产业政策是关键。陈伟（2010）[4]比较了中日两国新能源产业发展，认为日本新能源产业发展虽然起步早，且拥有先进技术，但因制度制约了产业发展，逐渐丧失优势；而我国新能源产业起步虽晚，但发展超预期，这要得益于制度优势。然而，我国新能源产业投资也存在问题，如新能源产业政策体系不完善，市场保障机制和政策环境不稳定，中央和地方政策落实不到位等问题（丁秋琴、史小丽，2010）。[5] Avril 等（2012）[6]认为政策激励环境对新能源产业投资有较大影响。罗盼盼（2013）[7]分析了国际可再生能源政策的变迁过程，建议未来政策的制定需完善市场价格机制，建立技术研发平台和增强政策预测性。柴麒敏（2015）[8]认为我国新能源产业快速发展是在招标电价、高补贴、高负债的模式下成长的，

---

[1] Jacobsson, S., Lauber, V. The Politics and Policy of Energy System Transformaion：Explaining the German Diffusion of Renewable Energy Technology[J]. Energy Policy, 2006.

[2] 袁炜，成金华. 中国清洁能源发展现状和管理机制研究[J]. 理论月刊，2008(12).

[3] 徐楚锟. 政府引导下的低碳经济融资方式研究[D]. 南昌：江西财经大学，2010.

[4] 陈伟. 日本新能源产业发展及其与我国的比较[J]. 中国人口·资源与环境，2010, 20(6).

[5] 丁秋琴，史小丽. 从发达国家新能源产业发展策略看我国新能源产业发展[J]. 新财经，2010 (9).

[6] Avril, S., Mansilla, C., Busson, M., Lernaire, T., Photovoltaic Energy Policy：Financial Estimation and Performance Comparison of the Public Support in Five Representative countries[J]. Energy Policy, 2012, 51(12)：244-258.

[7] 罗盼盼. 国际可再生能源政策变迁研究[D]. 兰州：兰州大学，2013.

[8] 柴麒敏. 新能源产业投资：一场危险的游戏[J]. 中国经济信息，2015(21)：3.

虽终端消费市场安装迅速，但很脆弱，且面临传统能源利益集团的阻碍。因此，造成弃风、弃光现象的本质原因是传统能源开发和运行管理体制还不适合新能源发展规模的快速扩张。

（2）关于新能源产业投资环境研究

新能源产业发展需要一个好的投资环境，建立新能源产业投资的专项基金、健全管理制度、加大研发投入扶持、增加教育培训和增加新能源入网建设是完善新能源产业投资环境的关键（刘松万，2009）。① 从目前学者的研究来看，改善投资环境的措施主要有：一是建立有效的上网电价政策。建立生产者自愿协议、消费者绿色价格和可再生能源配额制等措施是改善新能源产业投资的重要因素（Berry，2001）。② 新能源产业价格发现和价格实现对新能源产业投资环境有积极作用，而让价格实现较好的方法是固定电价收购政策（Sarasa-Maestro et al.，2013）。③ 二是稳定电力消纳能力。李俊峰（2014）④分析了美国分布式光伏融资模式，认为美国的长期电力购买协议（PPA）商务模式、独特的合同现金流货币化模式、合资模式、转租模式和售后回租模式，德国的以独立运营电站开发商（SPV）为核心的融资模式，为本国的新能源产业发展创造了一个良好环境，大大促进了新能源产业的发展。三是健全法律法规。任东明（2011）⑤认为"十三五"期间健全法律法规是稳定市场投资环境的关键。四是建立稳定的融资环境。如吴杰（2006）⑥认为项目融资、资产证券化、BOT模式和融资租赁模式能促进投融资环境的稳定，清洁能源机制为清洁能源发展提供了新的金融交易模式，提高其产业发展水平和国际竞争力。

（3）关于新能源产业投资补偿机制研究

关于新能源产业投资补偿机制的研究主要包括：一是补偿的重要性和必要性。新能源发电设备运行周期约为20年，在初始建设时投资成本很大，因而长时间内需对新能源产业投资进行补偿。制定特殊的上网电价政策可以促进可再生能源发电市场的发展（时璟丽，2008）。⑦ 政府补贴政策是光伏装机量增加的重要因素，是当前光伏技术条件下实现

①　刘松万．发展新能源产业的财政政策与措施［J］．山东社会科学，2009（11）．

②　Berry，Trent，Jaccard，Mark. The Renewable Portfolio Standard：Design Consderations and Implemention Survey［J］．Energy Policy，2001（29）．

③　Carlos J. Sarasa-Maestro，Rodolfo Dufo-López，José L. Bernal-Agustín. Photovoltaic Remuneration Policies in the European Union［J］．Energy Policy，2013（55）．

④　李俊峰．我国分布式光伏投融资机制研究［R］．中丹可再生能源发展项目，2014.

⑤　任东明．中国新能源产业的发展和制度创新［J］．中外能源，2011（1）．

⑥　吴杰．我国可再生能源投融资研究［D］．上海：上海交通大学，2006.

⑦　时璟丽．关于在电力市场环境下建立和促进可再生能源发电价格体系的研究［J］．中国能源，2008（1）．

其经济性的必要条件(Silveria et al. , 2012)。① 符力文(2012)②从清洁能源发电外部性理论分析,认为我国目前电价补贴政策较为有效,但还需制定减少经济负外部性政策,才能有助于推动清洁能源电力的发展。戴杰超(2014)③认为上网电价补贴政策能大大促进可再生能源并网发电。二是补偿机制。肖黎明(2009)④指出我国可再生能源上网电价补偿机制不完善,包括招标电价和审批电价同时存在,导致同一地区不同项目上网电价差异较大,且发放补贴时间长,利用小时数偏少,造成企业融资难问题。建议完善投融资补偿机制,特别是完善定价机制和费用分摊机制,缩短补贴到位时间,减轻企业资金压力,利用国际 CDM 交易机制,以促进可再生能源产业的发展。张宪昌(2014)⑤指出我国新能源产业财政政策力度不大,税收激励政策不统一,分散在多项法规文件中。史丹(2015)⑥指出我国新能源产业发展存在补贴不到位、发电上网消纳滞后、税收政策不统一等问题。田宇(2015)⑦认为我国新能源产业发展存在财政补贴重研发、弱推广,不同部门补贴文件有冲突,增值税税赋高等问题。三是补偿措施。Simone 和 Pulselli(2009)⑧认为新能源电力作为准公共品,政府要通过建立补偿机制、拉动新能源消费、加大投资补贴、减免租赁租金、出台财税政策、征收传统化石能源消费排污费等措施,以降低新能源电力成本,实现新能源产业的健康发展,其中优惠土地价格、降低用地价格、加大财政补贴和奖励是激励新能源产业发展的关键。任东明(2011)⑨认为新能源产业补偿措施主要有四种:上网电价补贴、投资补贴、生产补贴、消费补贴。解决我国可再生能源发电并网和市场消纳的问题,首先应该建立绿色证书交易系统,有利于优化资源配置和改善融资机制,降低企业资金成本和压力,实现从供给推动向需求拉动的转变。

(4)关于新能源产业投资影响因素研究

影响新能源产业投资的因素较多,主要包括:投资是否立法、市场消费需求、技术成

---

① Silveira, Jose Luz, Tuna, Celso Edurado, Lamas, Wendell De Queiroz. The Need of Subsidy for the Implementation of Photovoltaic Solar Energyas Supporting of Decentralized Electrical Power Generation in Brazil[J]. Renewable and Sustainable Energy Revews, 2013(20).

② 符力文. 清洁能源发电并网经济外部性分析及电价形成机制研究[D]. 北京:华北电力大学, 2012.

③ 戴杰超. 基于可再生能源发电并网外部性的电价形成机制研究[D]. 北京:华北电力大学, 2014.

④ 肖黎明. 可再生能源发电项目电价政策执行情况及其完善建议[J]. 价格理论与实践, 2009.

⑤ 张宪昌. 我国新能源产业发展政策研究[D]. 北京:中共中央党校, 2014.

⑥ 史丹. 新能源产业发展与政策研究[M]. 北京:中国社会科学出版社, 2015.

⑦ 田宇. 我国新能源产业财政政策研究[D]. 北京:北京交通大学, 2015.

⑧ Simone. B, Pulselli. R. M and Pulselli. F. M. Models of withdrawing renewable and non-renewable resources based on Odum's energy systems theory and daly's quasi-sustainablility principle[J]. Ecological Modeling, 2009, 220(16).

⑨ 任东明. 中国新能源产业的发展和制度创新[J]. 中外能源, 2011(1).

本、金融政策、政府态度和投资收益率。

一是有无立法保护。Paul Komor(2004)①对可再生能源电力投资政策和法规进行了研究，得出是否受立法保护是政策成功与失败的关键。美国、英国等发达国家可再生能源产业走在前列，成功的核心在于立法(吴杰、顾孟迪，2006)。② 美国和欧盟通过立法政策发展新能源产业。因此，我国需尽快出台新能源产业投资指导法规(丁秋琴、史小丽，2010)。③ 王昊楠(2011)④强调立法对新能源产业发展的作用，分析了欧盟可再生能源立法演变过程，指出我国可再生能源立法前需准备充分，注重目标的约束力、可操作性和执行力。二是市场消费需求。J. Kraft 和 A. Kraft(1978)⑤认为美国 GNP 增加能提高新能源的消费水平。而公共事业或实体企业大量采购新能源电力，可以大大促进新能源产业投资和发展(Lori Birdetal，2007)。⑥ Sadorsky(2009)⑦实证研究认为居民收入增加会提升可再生能源消费水平。三是资源、资金、技术和人才因素。采取"干中学"和"研发中学"来降低技术成本，可促进新能源规模经济发展(Peter Holmes Kobos，2002)⑧，而技术变革可以有效实现新能源对传统能源的替代(Giuseppe，2006)。⑨ Pablo delrioetal(2007)⑩认为风电行业技术水平提高和成本降低，可促使风能技术得以扩散。风电和光伏同时并网优于单独接入，且随着并网机组容量增加，能大大弥补可再生能源发电的不稳定性(陈赟、严正，2009)。⑪ 孟浩和陈颖健(2010)⑫通过层次分析法指出我国新能源产业发展处在中等偏下的发展水平，其中产业发展体制、战略规划、人才培养、研发投入、法律法规是影响新能源产业投资的关键因素。郭立伟(2014)⑬指出了新能源产业不仅具有资本和技术密集的

① Paul Komor. Renewable energy policy[M]. Iuniverse. Inc, 2004.

② 顾孟迪，吴杰. 我国可再生能源投融资研究[D]. 上海：上海交通大学，2006.

③ 丁秋琴，史小丽. 从发达国家新能源产业发展策略看我国新能源产业发展[J]. 新财经，2010(9).

④ 王昊楠. 欧盟可再生能源立法发展及其对我国的启示[D]. 上海：华东政法大学，2011.

⑤ Kraft, J. Kraft, A. On the Relationship Between Energy and GNP[J]. Journal of Energy and Development, 1978.

⑥ Lori Bird & Elizabeth Lokey. Renewable Energy Markets[R]. Technical Report, 2007.

⑦ Sadorsky. P. Renewable energy consumption and income in emerging economics[M]. Energy Policy, 2009, 37(10).

⑧ Peter Holmes Kobos. The implications of renewable energy research and development: policy scenario Analysisi with expericence and learning effects[R]. The Graduate Faculty of Rensselaer Polytechnic Institute, 2002.

⑨ Giuseppe. D. V. natural resources dynamics: exhaustible and renewable resources and the rate of technical substitution[J]. Resources Policy, 2006, 31(3).

⑩ Del Río, Pablo1, Unruh, Gregory2. Overcoming the lock-out of renewable energy technologies in Spain: The cases of wind and solar electricity[J]. Renewable and Sustainable Energy Reviews, 2007(11).

⑪ 陈赟，严正. 可再生能源并网发电的可靠性分析和节能分析[J]. 水电能源科学，2009(2).

⑫ 孟浩，陈颖健. 基于层次分析法的新能源产业发展能力综合评价[J]. 中国科技论坛，2010(6).

⑬ 郭立伟. 新能源产业集群发展机理与模式研究[D]. 杭州：浙江大学，2014.

特点，而且具有劳动密集的特征，因此资源禀赋、资金、技术和人力是影响新能源产业发展的因素。四是金融融资环境。项目融资和 PPP 融资是新能源产业融资的主要渠道，是促进新能源产业融资的重要方式(蒋先玲、王琰、吕东锴，2010)。[1] 在美国，促进光伏投资有三种贷款资金来源：国有复兴银行优惠贷款、联邦政府财政担保和拨款、各部委的预算拨款(Grau et al.，2012)。[2] 欧盟要实现 2020 年目标，需大力改革金融支持系统(Robin Jacobsson & Staffan Jacobsson，2012)。[3] 五是政府支持力度。Jeffrey M. Loiter 和 Vicki Norgerg-Bohm(1999)[4]认为政府对新能源的需求拉动政策，不仅扩大了消费市场，也加快了技术更新。各国和地区的风电发展政策对全球风轮机制造业的发展产生了巨大影响，不仅可以培育本国风电市场，而且可以推动风电企业的发展，因此，只有制定并实施稳定的扶持与激励政策才能使本国的风电产业在国际市场上具备竞争力(Joanna I. Lewisa & Ryan H. Wiser，2007)。[5] 德国风电之所以成功是因为政府的大力支持，其措施包括政府大力推广风力发电政策，引导公众对风力发电消费的意识(Bechberger & Reiche，2006)。[6] 龚雅弦(2008)[7]从政府政策等方面分析影响生物质能产业投资的因素。六是投资收益率。张跃军和魏一鸣(2010)[8]认为可再生能源产业的开发和利用基本由政府组织，属于"电子型"市场结构，其供需价格由政府管理，其投资收益为 5.5% ~ 6.5%，投资收益偏低，将影响新能源产业的发展。

1.3.2 关于新能源产业宏观投资效率的研究综述

本书所讨论的"宏观投资效率""投资效率"与"投资数量"相对应，"宏观"与"微观"相对应，宏观包括对企业或行业或产业的投资效率评价，本书重点研究的是产业的"宏观投资效率"。关于宏观投资效率的研究主要包括宏观投资效率的指标测算、宏观投资效率的影响因素分析和宏观投资效率的分析方法选择。

①宏观投资效率的指标测算。国内外对宏观投资效率测算主要采用三类指标：一是边

① 蒋先玲，王琰，吕东锴. 新能源产业发展中的金融支持路径分析[J]. 经济纵横，2010(8).

② Grau, Thilo, Huo, Molin, Neuhoff, Karsten. Survey of Photovoltaic Industry and Policy in Germany and China[J]. Energy Policy, 2012, 51(12).

③ Jacobsson R, Jacobsson S. The emerging funding gap for the European Energy Sector-Will the financial sector deliver? [J]. Environmental Innovation and Societal Transitions, 2012.

④ Jeffrey M Loiter, Vieki Norberg Bohm. Technology Policy and Renewable Energy：Public Rolesin the Development of New Energy Technologies[J]. Energy Policy, 1999.

⑤ Joanna I. Lewis and Ryan H. Wiserb. Fostering a renewable energy technology industry：An international eomparison of wind industry Policy support mechanisms[J]. Energy Policy, 2007.

⑥ Danyel Reiche and Mischa Bechberger. Policy differences in the promotion of renewable energies in the EU member states[J]. Energy Policy, 2004.

⑦ 龚雅弦. 发展生物质能产业的影响因素研究[D]. 上海：上海交通大学，2008.

⑧ 魏一鸣. 关于我国碳排放问题的若干对策与建议[J]. 中国科学院院刊，2006(1).

际资本产出比率指标(Incremental Capital Output Ratio，ICOR)①，采用该方法的有 Kaldor (1996)②、王立国(2007)③、尉雪波和周晶(2011)④。二是 K/Y 和 I/Y 指标，采用该方法的有吕慧锦(2013)⑤。三是综合指标。盖国凤(2007)⑥通过该方法对宏观投资与经济发展的同步性、相关性、边际效益和帕累托最优进行了分析。

②宏观投资效率的影响因素分析。关于宏观投资效率的影响因素主要有四点：一是投资规模。尉雪波和周晶(2011)认为宏观投资效率的提高主要依赖投资规模，投资规模过大或过小都会导致投资效率下降。我国企业投资规模与投资效率都有显著的周期特征，货币政策能促进企业投资规模的扩大，但不利于企业投资效率的提高，财政政策、信贷市场和股票市场也有利于企业投资规模的扩大，但对企业投资效率的影响不显著(马红、王元月，2017)。⑦ 二是技术水平。吕慧锦(2013)从投资规模、投资结构、投资体制和技术进步等方面对河南省宏观投资效率进行了实证研究，发现河南省低技术水平和低技术管理水平对投资效率有负面影响。三是融资因素。刘仁和和米运生(2009)⑧认为金融市场化改革，尤其是银行市场化改革能提高宏观投资效率。四是制度变迁。新制度经济学认为，有效的制度变迁能够提高宏观投资效率和促进经济发展。刘伟和李绍荣(2001)⑨认为经济体制的改革可以驱动经济增长。张军(2002)⑩指出我国投资回报率逐步降低主要归因于经济体制的扭曲。王小鲁、樊纲和刘鹏(2009)⑪认为我国经济快速发展主要依靠投资拉动和市场化改革，市场化改革可以带来全要素生产率的提高，也可以抵消投资带来的经济低效增长。Shoo Miao Lai、Chi Liang Liu、Taiehung Wang (2014)⑫认为，减少企业信息不对称、提高信息披露水平，可以提高资本的投资效率。姚芊(2017)⑬认为投资制度的改革是提高我国宏观投资效率的重要推动因素。

① ICOR = ΔK/ΔY，ΔK 表示资本增量，ΔY 表示总产出增量。
② Kaldor, N. Capital Accumulation and Economic Growth[J]. The Theory of Capital, 1966.
③ 王立国. 隐性投资效率损失问题研究[J]. 投资研究，2007(2).
④ 尉雪波，周晶. 改革开放以来山东省宏观经济投资效率分析[J]. 山东财政学院学报，2011(6).
⑤ 吕慧锦. 河南省宏观投资效率问题研究[D]. 郑州：郑州大学，2013.
⑥ 盖国凤. 投资自我决定及宏观投资效率测度体系[J]. 工业技术经济，2007(4).
⑦ 马红，王元月. 投资规模、投资效率与宏观经济环境[J]. 商业研究，2017.
⑧ 刘仁和，米运生. 中国银行业市场化改革的效率效应：基于宏观投资效率的实证分析[J]. 金融论坛，2009(3).
⑨ 刘伟，李绍荣. 所有制变化与经济增长和要素效率提升[J]. 经济研究，2001(1).
⑩ 张军. 增长、资本、成本与技术选择：解释中国经济增长下降的长期因素[J]. 经济学，2002 (2).
⑪ 王小鲁，樊纲，刘鹏. 中国经济增长方式转换和增长可持续性[J]. 经济研究，2009(1).
⑫ Shoo Miao Lai, Chi Liang Liu, Taiehung Wang. Increased disclosure and Investment efficiency[J]. Taylor & Francis Journal, 2014, 21(3).
⑬ 姚芊. 投资制度变迁对我国宏观投资效率影响研究[J]. 辽宁师范大学学报(社会科学版)，2017(3).

③宏观投资效率的分析方法选择。目前，国内外对宏观投资效率的研究方法主要有三种：一是根据生产函数、索洛经济增长模型、世代交叠模型、多项式分布式滞后模型（PDL）和运用动态效率、全要素生产率、资本边际产出率（ICOR）、资本或劳动与产出比率（K/Y 或 L/Y）、投资率（I/GDP）、资本回报率（ROC）等指标来研究投资效率，并判断投资规模是否"过度"问题。如艾凌宇和林静（2009）①对城镇化进程分析，指出资本的扩张提升了技术水平，增加了居民消费收入。Kaldor（1996）、袁志刚和宋铮（2000）②、王立国（2007）、尉雪波和周晶（2011）运用动态效率指标对我国经济运行进行研究，认为 20 世纪 90 年代以来中国经济存在"过度投资"，运行处于无效状态。李治国和唐国兴（2003）③以及武剑（2002）④运用统计指标 ICOR、K/Y 和 L/Y 对我国 20 世纪 90 年代投资变动趋势进行分析，认为 90 年代中后期我国存在"资本积累过快"和"过度投资"。张军、施少华、陈诗一（2003）⑤运用资本边际收益率和全要素生产率的变动对我国 90 年代中后期工业进行分析，得出资本收益率和 TFP 呈下降趋势，即存在"过度投资"，投资效率不高。陈张杭健和王力（2015）⑥运用多项式分布式滞后模型（PDL）来研究投资对 GDP 产出的影响，得出投资与 GDP 呈正相关。二是以 DEA 方法研究投资效率。如王坚强和阳建军（2010）⑦提出一种基于 TOPSIS 方法的 DEA 投资效率评价模型。白积洋（2012）⑧运用 DEA 及非参数 Malmquist 指数对中国各省文化产业的投资效率进行了分析。华坚、祁智国和马殷琳（2015）⑨运用静态超效率 DEA 和动态 Malmquist 生产率指数法对我国 31 个省区水利建设的投资效率进行测算。三是其他实证方法研究。Abel 等（1989）⑩对美国和 6 个 OECD 国家进行实证分析，运用国家资本净收益率方法，得出这几个国家的宏观经济活动是有效的。秦朵和宋海岩（2003）⑪用面板数据对我国公共投资效率和私人投资效率与经济增长进行实证研究，得出的结论为公共投资效率低于私人投资效率。

---

① 艾凌宇，林静. 中国近几年宏观投资效率研究[J]. 山西大学学报，2009（3）.

② 袁志刚，宋铮. 人口年龄结构、养老保险制度与最优储蓄[J]. 经济研究，2000（11）.

③ 李治国，唐国兴. 资本形成路径与资本存量调整模型[J]. 经济研究，2003（2）.

④ 武剑. 外国直接投资的区域分布及其经济增长效应[J]. 经济研究，2002（4）.

⑤ 张军，施少华，陈诗一. 中国的工业改革与效率变化——方法、数据、文献和现有的结果[J]. 经济学季刊，2003（1）.

⑥ 陈张杭健，王力. 我国宏观投资效率实证研究[J]. 安徽科技学院学报，2015（4）.

⑦ 王坚强，阳建军. 基于 DEA 模型的企业投资效率评价[J]. 科研管理，2010（4）.

⑧ 白积洋. 中国文化产业投资效率的实证检验[J]. 广西财经学院学报，2012（5）.

⑨ 华坚，祁智国，马殷琳. 基于省域（面板）数据的我国水利建设投资效率研究[J]. 水利经济，2015（2）.

⑩ Abel A，G. Mankiw，L. Summers，and R. Zeckhauser. Assesing Dynamic Efficiency：Theory and Evidence[J]. Revies of Economic Studies，1989（56）.

⑪ 秦朵，宋海岩. 改革中的过度投资需求和效率损失——中国分省固定资产投资案例分析[J]. 经济学（季刊），2003（4）.

1.3.3　关于新能源产业投资宏观经济效应的研究综述

（1）基于能源转型和替代的研究

①关于能源转型的研究。受两次石油危机冲击的影响，美国为解决过度依赖化石能源问题，大力发展新能源，并制定了产业发展政策（过启渊，1985）。[①] Weidou 和 Johansson（2004）[②]对我国的能源供应情况与能源消费结构进行了研究，指出我国现有的能源政策并不能大力推动国家经济发展，也不能实现能源持续性发展，因此加快新能源发展是实现能源结构调整的必经之路。Frede Hvelplund（2011）[③]分析了丹麦可再生能源情况，认为化石能源成为该国的辅助性选择。欧盟能源的成功转型得益于大力发展新能源产业，并成为各国制定能源政策的重要参考（刘坚、任东明，2013）。[④]

②关于能源替代的研究。Howard Geller（2003）[⑤]认为能源革命是未来的必经之路，并提出了相应的措施，包括加强研发示范、财政激励、融资担保、市场改革、增加国际合作、健全法规建设等。Judith A. Cherni 和 Joanna Kentish（2007）[⑥]认为，中国电力市场改革加快了新能源发展替代速度。在中华人民共和国成立初期，化石能源消耗补偿值基本可用农作物残余物来代替，但随着化石能源消耗量增加，农作物残余物可补偿能值越来越小（陈雅琳，2010）。[⑦]刘岩等（2011）[⑧]计算了 2011—2030 年每年的可再生能源替代率水平和可再生能源消费量，并描述了可再生能源在未来 20 年的替代路径。

（2）基于经济增长和国家能源安全的研究

①关于能源与经济增长的研究。目前，学界关于能源投资与经济增长的关系研究不多，研究较多的是能源消费与经济增长的关系。如 Donella、Dennis 和 Jorgen 等（1972）认为，未来能源缺口越来越大，能源消费不仅制约了人口的增长，也制约了经济发展，且面

①　过启渊. 美国新能源开发战略[J]. 世界经济文汇，1985(5).

②　Ni weidou, Thomas B Johansson. Energy for sustainable development in China[M]. Energy Policy, 2004.

③　Hvelplund F. Innovative democracy and renewable energy strategies：a full-scale experiment in Denmark 1976-2010[J]. Energy, Policy and the Environment，2011.

④　刘坚，任东明. 欧盟能源转型的路径及对我国的启示[J]. 中国能源，2013(12).

⑤　Howard Geller. Energy Revolution[M]. Island Press，2003.

⑥　Cherni J A, Kentish J. Renewable energy policy and electricity market reforms in China[J]. Energy Policy，2007，35(7).

⑦　陈雅琳，高吉喜，李咏红. 中国化石能源以生物质能能源替代的潜力和环境效应研究[J]. 数学的实践与认识，2008.

⑧　刘岩，于渤，洪富艳. 基于可持续发展的可再生能源替代动态增长模型研究[J]. 中国软科学，2011.

临环境污染等问题。Kraft(1978)①研究了美国 1947—1974 年能源消费和 GDP 的关系，发现两者存在单向 Granger 因果关系，即 GDP 的产出能引起能源消费增加，反之，能源消费不能增加 GDP 的产出。而 Akarca 和 Long(1980)②也选取美国不同年份的数据进行研究，与 Kraft 和 Dennis 的结论相反，即能源消费能促进经济增长，而经济增长不能促进能源消费。Yu 和 Choi 采用格兰杰因果检验法对菲律宾能源消费与经济产出间的因果关系进行研究，发现能源消费能促进经济增长，而 GNP 不能促进能源消费。Ugur 等(2007)③对美国经济产出、能源消费与二氧化碳排放量间的关系进行了因果检验，指出二氧化碳排放量与 GDP 之间不存在明显的因果关系。汪旭晖、刘勇(2007)④对我国的能源消费总量和 GDP 数据进行分析，发现我国能源消费与经济增长存在长期的均衡关系，能源消费对经济增长具有促进作用。Apergis 和 Payne(2009)⑤对中美洲六个主要国家进行实证分析，结果均呈现能源消费对 GDP 增长的单向因果关系。霍宗杰、周彩云(2010)⑥对我国 GDP 增长、能源消费和能源结构进行了格兰杰检验和协整分析，指出 GDP 增长对能源消费和能源结构都有促进作用，而且能源结构调整能促进 GDP 增长并提高能源消费水平。

②关于新能源与经济增长的研究。林琳(2009)⑦对福建省新能源消费与 GDP 进行了实证研究，发现福建省 GDP 增长对新能源产业具有一定的依赖性，且新能源消费对 GDP 增长的贡献率还有提升空间。郭勇(2009)⑧研究了我国核电消费与 GDP 增长的关系，指出两者存在双向因果关系。郭四代(2012)⑨对我国新能源消费与经济增长进行了研究，得出短期内新能源的消费是促进经济发展的动力之一，新能源产业对 GDP 增长的贡献率大约是传统矿物能源的 24.7 倍。新能源消费对当期经济增长具有促进作用，每增加 1%的新能源消费，GDP 增长 0.14%。长期来看，新能源消费对我国经济增长起着促进作用，在 5%显著水平下，GDP 增长对新能源消费存在单向因果关系；在 10%显著水平下，存在

① Kraft, J. Kraft, A. On the Relationship Between Energy and GNP [J]. Journal of Energy and Development, 1978.

② Akarca, Long. On the Relationship between Energy and GNP: Reexamination[J]. Journal of Energy and Development, 1980.

③ Ugur Soytasa, Ramazan Sarib and Bradley T. Ewingc. Energ consumption, Income and carbon emissions in the United States[J]. Ecological Economics, 2007.

④ 汪旭晖，刘勇. 中国能源消费与经济增长：基于协整分析和 Granger 因果检验[J]. 资源科学，2007(5).

⑤ Nicholas Apergis and James E. Payne. Renewable and non-renewable electricity consumption-growth nexus: Evidence from emerging market economies[J]. Applied Energy, 2011.

⑥ 霍宗杰，周彩云. 我国经济增长、能源结构与能源消费关系的实证研究[J]. 当代经济管理，2010，32(5).

⑦ 林琳. 福建省新能源消费与经济增长关系的实证分析[J]. 福建省社会主义科学报，2012(1).

⑧ 郭勇. 核电消费与我国经济增长：基于 VAR 模型的研究[J]. 求索，2009(9).

⑨ 郭四代. 我国新能源消费与经济增长的关系的实证研究[D]. 武汉：中国地质大学，2014.

双向因果关系。尹超(2014)①实证分析了我国2001—2012年新能源产业投资与GDP的关系,得出两者存在显著的双向因果和长期均衡关系,新能源产业投资对经济增长的促进作用明显高于传统能源产业,且其长期带动作用比短期更大,因而建议大力开发新能源产业。陈婉(2014)②分析了日本新能源消费与GDP增长的关系,指出两者存在单向Granger因果关系,即日本经济规模扩大导致新能源消费的增长,但加大新能源供给并不能增加GDP产出。因此,日本应侧重于提高能源消耗效率和减少能源消耗。

也有人认为新能源消费对经济没有很大的影响,既不促进也不阻碍。如Xing-Ping Zhang等人(2009)对我国经济产出、能源消费以及碳排放量进行Granger因果关系实证分析,认为经济产出能促进能源消费,能源消费能促进碳排放量,但碳排放和能源消费不能促进经济增长,因为新能源消费对经济增长的促进作用不大,因此我国可采用渐进的新能源投资策略。

③关于国家能源安全的研究。新能源是未来的主导能源,对一国能源安全具有重要作用,发展新能源可以增加能源供给,弥补传统能源耗竭问题(Manne & Richels,1992)。③我国能源对外依存度较大,能源进口主要集中在中东、拉美等地区,这些地区政局不稳,国家矛盾突出,因此我国以新能源产业作为突破口,从国家能源安全角度考虑国内能源平衡(郭四代,2012)。杨振发(2014)④研究了国际能源法发展趋势,他认为最重要的作用是保护国家的能源安全,提出我国应积极加强立法以保护我国能源安全。杨彦强(2015)⑤认为保障国家能源安全是发展低碳经济的重要背景和目的之一。

(3)基于减缓气候变化和经济可持续发展的研究

①关于气候变化的研究。P. E. Morthorst(2000)⑥认为电力工业自由化和减少温室气体排放是欧洲能源政策的主要趋势。Mallk Amin Aslam(2001)⑦论证了能源清洁机制(CDM)在全球气候变化中扮演的重要角色。Reyer Gerlagh和Bob van der Zwaan(2006)⑧认为碳税

---

① 尹超. 我国新能源产业对经济增长影响程度的实证研究[D]. 保定:河北大学,2014.

② 陈婉. 日本新能源消费对经济增长的影响及启示[D]. 武汉:湖北大学,2014.

③ Manner. A and Richels. R. Buying greenhouse insurance the economics cost of CO_2 emission limits[M]. MIT Press,1992.

④ 杨振发. 国际能源法发展趋势研究——兼论对我国能源安全的影响[M]. 北京:知识产权出版社,2014.

⑤ 杨彦强. 低碳经济条件下的我国能源安全问题[M]. 北京:光明日报出版社,2014.

⑥ Morthorst P E. The development of a green certificate market[J]. Energy Policy,2000,28(15).

⑦ Mallk Amin Aslam. Technology transfer under the CDM:materializing the myth in the Japanese context?[J]. Climate Policy,2001(1).

⑧ Gerlagh R,Van der Zwaan B. Options and Instruments for a Deep Cut in CO_2 Emissions:Carbon Dioxide Capture or Renewables,Taxes or Subsidies?[J]. Energy Journal,2006(3).

制度是支持可再生能源解决气候变化最经济合理的方法。Ugur(2007)①研究表明二氧化碳排放量与能源消费量存在因果关系，因此，要增加新能源消费量比重以减少二氧化碳的排放，减缓气候变化。尚红云(2011)②对我国能源、经济与环境关系进行了研究，指出能源消耗制约了经济增长，且对环境存在直接影响与间接影响。

②关于经济可持续发展的研究。欧洲化石能源消费增加了碳排放量，从而引发了一系列环境问题，这也是欧洲国家发展新能源产业的原因之一，因此，大力发展新能源产业是当今世界经济可持续发展的前提。一方面，要加大新能源消费占比，逐步实现城市能源消费无污染目标，以实现可持续性发展(Jon Kellett，2007)。③CDM机制能促使温室气体减少，实现经济可持续发展(Bera，J.，2004)。同时，提高新能源发电比例是解决资源环境问题的有效办法(吴文建，2013)。④另一方面，政府应增大投资，推动城镇化进程，才能保障经济可持续增长(林毅夫，2010)。⑤我国《新能源基本建设项目管理的暂行规定》⑥指出，目前新能源短期作为我国能源供给的补充，长期是实现能源转型和经济可持续发展的替代能源。

1.3.4 关于新能源产业供给侧结构性改革的研究综述

新能源供给侧结构性改革研究分为两类。一类是以需求拉动为主，包括上网电价法和配额制。如Johnstone，Hascic and Popp(2008)⑦对1978—2003年经合组织25个成员国新能源专利申请情况进行实证分析，结果表明，市场需求拉动型政策(上网电价法和可再生能源配额制)加快了新能源技术创新。Walz，Schleich and Ragwitz(2011)⑧对12个经合组织成员国的风能专利数据进行实证分析，认为可再生能源配额制等需求拉动政策可增加专利申请数量。宁俊飞(2012)⑨认为新能源发展需突破碳锁定困境，不仅要推动新能源技术扩散等供给类政策，还需大力推行市场需求拉动型政策。

另一类是以供给政策为主。《国家能源局2016年体制改革工作要点》规定推进能源供给侧改革重点抓好七个方面工作：化解煤炭行业过剩产能；化解煤电过剩产能；解决弃

① Ugur Soytasa，Ramazan Sarib and Bradley T. Ewingc. Energ consumption，Income and carbon emissions in the United States[J]. Ecological Economics，2007.

② 尚红云. 中国能源投入产出问题研究[M]. 北京：北京师范大学出版社，2011.

③ Jon1 Kellett. Community-based energy policy—A practical approach to carbon reduction[J]. Journal of Environmental Planning and Management，2007.

④ 吴文建. 资源环境约束下的新能源上网定价激励机制研究[D]. 重庆：重庆大学，2013.

⑤ 林毅夫. 新结构经济学：反思经济发展与政策的理论框架[M]. 北京：北京大学出版社，2012.

⑥ 资料来源：国家能源局，http://www.nea.gov.cn/2015-12/13/c_131051679.htm.

⑦ Johnstone. N，Hascic. I and Popp. D. Renewable energy policies and technological innovation：evidence based on patent counts. [J]. NBER Working Paper，2008.

⑧ Walz. R，Schleich. J and Ragwitz. M. Regulation. innovation and wind power technologies-an empirical Analysis for OECD countries[J]. The DIME Final Conference，2011，Maastricht.

⑨ 宁俊飞. 基于新能源产业视角的碳锁定困境与政策研究[D]. 天津：南开大学，2012.

水、弃风、弃光问题；推进电力市场化改革；推进石油天然气体制改革；加强能源扶贫；提高能源系统整体运行效率。当前我国能源供给体系存在高能耗、高污染、行业产能严重过剩等问题，并提出要从发挥价格机制、推进税收和财政引导作用、建立现代市场监管体系、加大基础研究和政府服务四个方面来推进能源产业的供给侧改革（林卫斌、苏剑，2015）[1]。曾鸣、张晓春、王丽华（2016）[2]认为能源供给侧面临环境资源约束、有效供给不足、能源商品性定位不清晰、粗放式发展、较少考虑用户需求、缺乏互联平台协调优化和能源交易体系不完善等问题，并提出改革要从能源互联网用户思维角度出发，以用户需求为导向，引导用户增加"绿色能源需求"，提升能源供给能力。李继峰（2016）[3]总结了能源领域供给侧结构性问题，主要有供给跟不上需求变化、债务成本高居不下、能源供给增长放缓、冗员过重、管理体制老化、地方政府干预等问题。张子瑞（2016）[4]认为能源供给侧改革存在的问题主要集中在配额制、绿色证书交易、财政补贴和新能源消纳制度等方面，解决该问题的核心是要有立法保障和机制设计，实现能源结构优化调整和资源的重新配置。孙祥栋（2016）[5]认为能源领域供给侧改革可以通过两个途径实现：一是降低能源强度，增加能源投入和产出效率；二是作为其他要素（尤其是环境投入）的替代品，提高其他要素的边际产出水平，即通过增加新能源的消费以优化能源供给结构，提高环境保护投入，减少环境污染，实现可持续发展。也有学者认为供给侧改革时机尚不成熟，如宦佳（2016）[6]认为目前我国的能源消耗中仅有少部分用于发电，占10%，大部分是用来运输，比例高达90%。目前新能源大部分是用于发电，如不解决运输能源消耗问题，很难大规模促进我国新能源产业发展，需采取渐进式推进，因此进行能源供给侧改革为时尚早。

1.3.5　文献述评

综上所述，国内外学者对新能源产业投资问题研究主要围绕投资机制、投资环境、投资补贴等方面，对宏观投资效率的研究主要集中在测量方法、影响因素上，对宏观经济效应的研究主要集中在经济增长、能源转型、气候变化、国家能源安全和能源替代等方面。但纵览上述文献，本书认为尚有如下不足：

其一，现有文献对新能源产业宏观投资效率的研究较少。本书拟用 SE-MinDS 模型分析新能源产业投资静态效应，并运用 Malmquist-Luenberger 模型对新能源产业投资动态效率进行全要素效率分析，从技术进步指标和技术效率变化指标来分析效率高低的原因。

其二，现有文献对新能源产业投资的宏观经济效应研究进行定量分析较少。本书拟运

① 林卫斌，苏剑. 理解供给侧改革：能源视角[J]. 价格理论与实践，2015(12).
② 曾鸣，张晓春，王丽华. 以能源互联网思维推动能源供给侧改革[J]. 电力建设，2016(4).
③ 李继峰. 能源供给侧改革须有的放矢[N]. 中国能源报，2016(5).
④ 张子瑞. 供给侧改革助推我国成为新能源强国[N]. 中国能源报，2016(5).
⑤ 孙祥栋. 供给侧改革背景下的能源转型：集约与优化[N]. 中国能源报，2016(5).
⑥ 宦佳. 全球能源格局迎来"供给侧改革"[N]. 人民日报(海外版)，2016(7).

用格兰杰因果检验和联立方程实证分析投资宏观经济效应。宏观经济效应指标主要包括
GDP 产出、新能源产业就业、经济可持续发展和能源经济安全等指标。

其三，现有文献对新能源产业宏观经济效应影响因素研究较少。新能源产业投资金额
每年在增加，但出现很多弃风和弃光现象，是否很多是无效投资，究竟为何投资？影响宏
观经济效应因素有哪些？本书拟从消费结构、能源强度、投资效率、人口密度、城镇化水
平、贸易结构、产业结构、融资环境等方面进行定量分析。

1.4 理论支点、核心观点与本书框架

1.4.1 理论支点

本书运用投资经济增长理论来研究新能源产业投资问题。早在亚当·斯密(1776)的
《国民财富的性质和原因的研究》中就对"资本的不同用途，对国民产出量、土地和劳动的
影响"进行了研究，并认为国民产出的主要决定因素是资本的积累和资本的正确配置。之
后李嘉图、凯恩斯、哈罗德·多马、索洛、刘易斯、马克思等经济学家也强调了资本对经
济增长的重要作用。随着大量弃风、弃电现象的发生以及在新时代供给侧结构性改革背景
下，我国开始反思新能源产业投资的合理性和必要性。本书正是结合新能源产业投资的特
点，在前人研究的投资经济学理论基础上，结合供给侧结构性理论和战略性新兴产业理论
来研究新时代下我国新能源产业投资效率问题和宏观经济效应问题，重新构建我国新能源
产业投资战略新体系。

1.4.2 核心观点

以供给侧结构性改革理论和战略性新兴产业理论为理论支点，本书的核心观点是：兼
顾产业性、公共性和网络性是新能源产业投资的基本原则，通过供给侧结构性改革，提升
新能源产业投资效率和提高宏观经济效应，使新能源产业投资成为经济、社会和环境协调
发展的新动能。由这一核心观点引申的政策含义是：改善新能源供给侧的要素、制度、结
构和需求等方面内容，有序规划新能源产业的投资方向和出台产业扶持政策，可以有效构
建我国新能源战略新体系，这样不仅可以实现低碳经济的发展，而且对就业、环保、技术
创新与保障能源安全等方面具有较大的促进作用。

1.4.3 本书框架

现将上述理论基础和核心观点用逻辑框架图来分析，如图 1-1 所示。

根据本书框架，展开研究，将本书分成九章，具体如下：

第一章：绪论。本章重点分析了选题的背景与选题的意义、国内外研究综述、理论支
点、核心观点、研究方法、主要创新与不足等内容。

第二章：新能源产业投资的理论基础。本章主要对相关概念进行界定，如宏观投资效

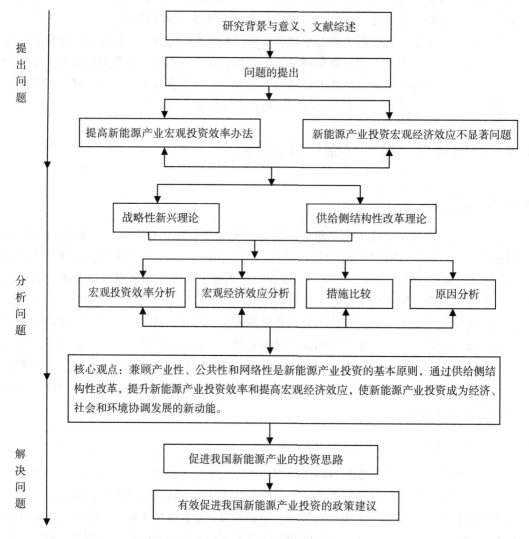

图 1-1　本书结构图

率、新能源、新能源产业、新能源产业投资、新能源产业投资性等概念进行阐述，并总结概括了新能源产业的特点。对新能源产业投资理论进行了分析，包括战略性新兴产业理论和供给侧结构性改革理论。

第三章：我国新能源产业投资现状与问题研究。本章回顾了我国新能源产业政策和成果，对投资状况和投资存在的问题进行了分析。

第四章：实现我国新能源产业投资战略机理研究。阐述了新能源投资宏观目标、投资阶段和投资战略机理。

第五章：我国新能源产业宏观投资效率分析。阐述了模型构建、变量选取与数据来源说明，并对新能源宏观投资效率进行了实证分析。

第六章：我国新能源产业投资宏观经济效应分析。运用 VAR 模型对我国新能源产业投资的宏观经济效应进行了分析，并运用联立方程模型对我国新能源产业宏观经济效应影响因素进行了分析。

第七章：国际新能源产业投资经验与借鉴。对国际新能源产业投资背景和动因、投资趋势和投资战略进行分析，对宏观投资效率和宏观经济效应进行比较，总结了投资经验和教训，以及对我国的启示。

第八章：有效促进我国新能源产业的投资思路和政策建议。本章分析了促进我国新能源产业的投资思路，并从供给侧结构性改革角度来分析促进我国新能源产业投资的政策建议。

第九章：研究结论与进一步展望。

1.5 研究方法

本书主要采用了比较分析法、定性和定量分析法。

1.5.1 比较分析法

本书对全球六国新能源产业宏观投资效率和宏观经济效应各项指标进行实证研究，比较分析了国际新能源产业投资的背景、动因、差异和原因，并总结了经验教训。

1.5.2 定性和定量分析

本书运用 VAR 模型对我国新能源产业投资宏观经济效应进行格兰杰因果关系检验，定性分析新能源产业投资与宏观经济效应关系，并运用联立方程模型定量测算新能源产业投资与宏观经济效应系数，以及与宏观经济效应影响因素的系数。

1.6 主要创新与不足

1.6.1 创新之处

（1）研究视角的创新

本书从新能源产业宏观投资效率和宏观经济效应视角去寻找我国新能源产业投资存在的问题，并从供给侧结构性改革着手，构建我国新能源产业投资战略新体系，使其成为我国未来低碳经济、能源安全、技术领先和就业增长的新动能。

（2）研究方法的创新

本书运用 SE-MinDS 模型和 Malmquist-Luenberge 模型分别测算我国新能源产业静态宏

观投资效率和动态宏观投资效率值，分析其效率值高低的原因，寻找提高宏观投资效率的措施，并运用 VAR 模型对我国新能源产业投资宏观经济效应进行格兰杰因果关系检验，定性分析新能源产业投资与宏观经济效应关系，并运用联立方程模型分析了宏观经济效应的影响因素。

（3）研究观点的创新

本书通过总结国际新能源产业投资的经验和教训，并结合中国实际，在兼顾"产业性、公共性和网络性"的基本原则上，提出以"技术领先+低碳经济+智能电网"的方案来构建我国新能源产业投资战略新体系，实现新能源由技术革命向产业革命转变，最终实现能源革命的目标。

1.6.2　不足之处

本书以新能源产业投资为主线，探讨新能源产业投资与宏观经济效应的关系，寻求实现新能源产业投资和发展的各项措施，由于资料收集存在一定困难，本书只选取了部分宏观效应进行了简单研究和分析，且指标的选取缺乏充分论证，故在实证分析中，得出的结论可能会出现偏差，不足之处主要有：

①宏观投资效率测算需要进一步完善。虽然本书对新能源产业宏观投资效率进行了测算，但因数据有限，投入指标过于简单，且没有细分各类新能源投资金额，对结论产生一定的影响。

②宏观经济效应指标有待完善。由于数据、时间和精力有限，本书未能将新能源产业的宏观经济效应指标进行细分和研究，对结论产生一定的影响。

③新能源产业投资宏观经济效应测算需进一步细化。虽然本书运用 VAR 模型对新能源投资宏观经济效应进行了测算，但因数据有限，不能对四项指标进行整体分析，只能分两组分析，这对结果有一定的影响。

2　新能源产业投资的理论基础

2.1　相关概念的界定

2.1.1　宏观投资效率的概念

（1）投资效率

效率是指从有限的资源中获取更多产出，研究的是资源的利用程度。从微观和宏观角度来分，有微观投资效率和宏观投资效率。微观投资效率是指从企业角度来衡量，宏观投资效率主要从宏观经济效应来衡量，如经济增长、就业增长和经济持续发展等指标。按经济学来分，有技术效率和配置效率。

技术效率是反映一个单元的生产技术水平高低，衡量与行业水平的差距。技术效率可以从投入和产出的角度来分析，技术效率的概念最早由 Farrell(1957)①提出，他是从投入角度看，指产出不变，实际投入与最小投入的比值。Leibenstein(1966)②则从产出角度看，指投入不变，最大化产出与实际产出的比值。

而本书研究的效率是指技术效率，指产出不变，实现投入最小化；或投入不变，实现产出最大化。

（2）宏观投资效率

宏观投资效率反映了一个国家或地区的经济增长及其合理性和可持续性。樊潇彦(2005)③将宏观投资效率定义为：在一个国家的物质资本积累和宏观投资过程中，随着人均资本数量的增加，如果广义的资本收入份额能够保持稳定，并且存在"希克斯中性"的技术进步，存在资本和劳动"体现"的技术进步，存在物质资本投资的正外部性，存在

---

① Farrell M J. The measurement of productive efficiency [J]. Journal of the Royal Statistical society. SeriesA(General)，1957(120).
② Leibenstein H. Allovative Efficiency vs "X2efficiency" [J]. American Economic Review，1966(56)：392-415.
③ 樊潇彦. 经济增长与中国宏观投资效率[D]. 上海：复旦大学，2005.

资本产出弹性参数和要素配置效率的提高,那么就认为该国宏观投资是有效率的。文雪婷、汪德华(2017)①将宏观投资效率定义为投资率对资本回报率的敏感性,并对政府融资平台债务进行了宏观投资效率测算,结果表明在2009年后随着地方政府投资规模扩大,投资率和资本回报率呈负相关性。而本书研究的宏观投资效率是指将资本和劳动力作为投入指标,以获取社会效益和经济效益,产出指标包括社会就业、环境保护、经济增长和经济可持续发展。

(3)新能源产业宏观投资效率

新能源产业宏观投资效率是指将新能源产业资金或劳动力作为生产要素投入,来获取更多的社会效益和经济效益,实现资源利用产出最大化。传统的投资效率测算较多的是衡量经济增长性,忽略了新能源产业正外部性。新能源产业投资不仅能增强社会环境保护,减缓气候变化和温室效应,还能为经济可持续发展提供保障。因此,测算新能源产业投资效率的投入指标可用一级能源指标或利用一级能源来生产电力的二级能源指标,包括所投入的资金或劳动力,产出指标则不仅包括经济增长指标,还应包括社会生态、环境保护、经济可持续发展和能源经济安全等指标。

2.1.2 新能源概念界定

(1)有关"新能源"定义

目前世界各国对新能源概念没有统一的定义,新能源包含的种类也不相同。具体如下:

1978年联合国第33届大会提出的新能源是指刚开始开发利用或正在积极研究、有待推广的能源,是相对于常规能源而言的。常规能源是指现阶段已经大规模生产和广泛使用的能源,主要包括煤炭、石油、天然气和部分生物质能(如薪柴秸秆)等。②

1981年联合国在肯尼亚召开的"国际新能源及可再生能源会议"上界定了新能源,即"以新技术和新材料为基础,使传统的可再生能源得到现代化的开发利用,用取之不尽、用之不竭的可再生能源来取代资源有限、对环境有污染的传统化石能源"③。

联合国开发计划署(UNDP)把新能源分为三大类:一是大中型水电;二是新可再生能源,包括小水电、太阳能、风能、现代生物质能、地热能、海洋能;三是传统生物质能。④

---

① 文雪婷,汪德华.中国宏观投资效率的变化趋势及地方政府性债务的影响——基于地级市融资平台数据的分析[J].投资研究,2017(1).

② 王春梅.节能减排对策论[J].绿色科技,2011(5).

③ 门丹.美国推进新能源发展的财政支出政策研究[J].生态经济,2013(4).

④ 中央党校课题组:曹新等.中国新能源发展战略问题研究[J].经济研究参考,2011(52).

1985年我国科学技术名词审定委员会下的定义，新能源是指在新技术的基础上，系统开发利用的可再生能源，如核能、太阳能、风能、生物质能、地热能、海洋能、氢能等。而可再生能源在电力学科中被定义为具有自我恢复原有特性，并可持续利用的一次能源，包括太阳能、水能、生物质能、氢能、风能、波浪能以及海洋表面与深层之间的热循环等。①

2012年，国务院颁发的《十二五国家战略性新兴产业发展规划》指出新能源利用包括核能、风能、太阳能光伏和热利用、页岩气、生物质能发电、地热和低温能、沼气、生物质气化、生物燃料和海洋能等。②

牛津词典中，新能源是指以不耗尽天然资源或危害环境的方式作为燃料的能源。③

现代汉语词典中，新能源又称"非常规能源"，指刚开发利用，但限于当前技术、经济水平尚未广泛推广的能源。如太阳能、地热能、风能、海洋能、核聚变能等。④

本书认为，新能源的定义具有"狭义"和"广义"之分。狭义概念中的"新"强调利用"新技术"来利用能源，其中大部分是可再生能源，如风能、太阳能、生物质能，其实这些可再生能源早在"薪火"能源时代就存在，只是在现代文明利用化石能源造成环境资源耗竭和环境污染的情况下，对这些可再生能源的利用赋予了"新"的内涵，是对传统能源的"补充"。而在广义概念中，新能源中的"新"不仅包括"新技术"，还包括"新文明"和"新体系"，一方面提供能源，解决人类发展的能源动力问题；另一方面减少污染，实现可持续发展，实现人类"新文明"。广义的概念中，新能源包括的范围更广，不仅包括利用新技术的可再生能源，如风能、太阳能、生物质能、海洋能等，也包括节能减排、减少温室效应而出现的新技术，如提高能源利用效率技术、热电联产技术、碳捕捉技术等。

（2）新能源包括的种类

根据新能源"狭义"和"广义"的定义划分，新能源包括的种类也不同。

①"狭义"概念种类。狭义新能源既包括部分可再生能源，如风能、生物质能、太阳能、中小水电等能源，也包括部分清洁能源，如核能、氢能、酒精、可燃冰等能源。

②"广义"概念种类。除包括"狭义"概念种类外，还包括页岩气和以新技术提高节能效率的能源，技术包括能效提高技术、热电联产技术、余热利用技术、碳捕捉和碳封存技术等。

（3）新能源与其他概念的区别

目前出现的可再生能源、清洁能源和新能源，三者之间既有相似之处，也有差别。三

① 张宪昌. 我国新能源产业发展政策研究[D]. 北京：中共中央党校，2014.
② 张海龙. 中国新能源发展研究[D]. 长春：吉林大学，2014.
③ 资料来源：牛津词典。
④ 资料来源：现代汉语词典。

者关系如图 2-1 所示。

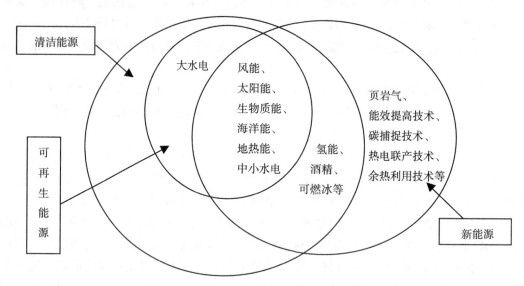

图 2-1　新能源产业、可再生能源、清洁能源关系示意图

可再生能源是指在自然界中可再生、利用无限、可循环的能源，主要包括生物质能、太阳能、水能、风能、地热能和潮汐能，不包含页岩气、石油、煤炭等化石燃料和核能。

清洁能源是指对环境友好的能源，是相对污染能源而言的。清洁能源包括两类：一类是可再生能源，如水电、风电、太阳能、海洋能等；另一类是生产利用污染小、环境破坏不严重的部分非可再生能源（如可燃冰、天然气等），以及运用现代技术提高节能效率的能源（如洁净煤、洁净油等）。因此可再生能源全都属于清洁能源，而清洁能源要比可再生能源更广泛。

新能源主要包括三类：一是部分清洁能源，如潮汐能、中小水电、地热能、氢能、可燃冰、风能、生物质能、太阳能等，但不包括核电、大水电、洁净煤和洁净油；二是部分可再生能源，如风能、太阳能、生物质能、海洋能、地热能和中小水电，但不包括大水电；三是其他能源技术，如页岩气、能效提高技术、碳捕捉技术、热电联产、余热利用等。

从以上分析可知，可再生能源、新能源和洁净能源三者相互联系，但也有区别。因此，本书所指的新能源不包括大水电、洁净煤、洁净油、核电等。因数据收集困难等原因，为方便后文作统计分析，新能源数据来源主要包括风能、太阳能、生物质能、地热能和中小水电。

2.1.3　新能源产业的概念及特征

（1）新能源产业的概念

新能源产业是指开发新能源的单位或企业从事新能源的开采、加工生产及应用等一系列过程，具体包括太阳能产业、风能产业、生物质能产业等新能源产业。①

（2）新能源产业特征

①发电波动性强、技术要求高。由于暴雨、风速和云层迁移，新能源会出现较大波动，因此要求电力系统和其他组成部分，如火力发电、电力需求侧、储能设备必须灵活，以适应新能源电力的间断、不稳定输入。因此，新能源电力运用需要多种技术的融合，如电力接入技术、调峰技术、输出技术等，同时技术水平的成熟度影响新能源产业的发展。

②分布广、依赖性强。新能源中的风能、太阳能、生物质能、地热能等能源形式受自然条件、地理位置等自然因素的影响，分散广，具有较强的地域性和时间性，不像化石能源可根据电力需求和价格作出调整。风电和太阳能只有在太阳光照和有风的时候才能发电，因此新能源产业对自然条件较为依赖。

③初始投资成本高、运行成本低。由于新能源中的风能、太阳能等可再生资源具有间歇性和周期性，能源技术利用要求较高，初始投资成本非常高，需要大量资金，而一旦建成，运行维护成本费用较低，边际成本几乎为零，每年的运营成本仅为投资成本的2%左右，初始投资涵盖了未来20~30年的全部投资成本。

④投资清洁性。新能源是相对传统能源而言的，包括可再生能源（除大型水电外）和大部分清洁能源（洁净煤、洁净油除外），可再生能源全部是清洁能源。因此，新能源产业对环境具有较好的保护，污染排放较少。

⑤安全性要求高。新能源产业具有高资本、高技术特性，对其利用要求安全性高，不仅工艺水平和管理水平要求严，而且易受自然灾害的影响，容易引发事故，给社会造成不良影响。

⑥外部经济性。外部经济性是指享受他人带来的成果却无需付费而带来外部性的部门无法从他人获得收益和报酬，造成个人成本高于社会成本，单人收益小于社会收益，进而产生市场失灵。因此当市场不能解决成本和收益的分配时，需要运用行政手段来干预。

2.1.4 新能源成本的相关概念

衡量新能源成本主要有四种，分别是上网电价、度电成本、发电成本、投资成本。

（1）定义

上网电价是指向电网销售的价格，含政府补贴和增值税，在海外一般称为购电协议（Power Purchase Agreement，PPA），单位为元/千瓦时。度电成本，也称平准化度电成本（Levelised Cost of Energy，LCOE），是指对项目生命周期内的成本和发电量进行平准化计算得到的发电成本，即生命周期内的成本现值/生命周期内发电量现值，是满足一定资本收益率（折现率）条件下能够保证收支平衡的最低上网电价，单位为元/千瓦时。发电成本

---

① 资料来源：百度百科，https://baike.baidu.com.

是指单位发电量所发生的成本，包括固定资产、折旧、项目运营成本、财务费用和税费，单位为元/千瓦时；投资成本一般是指电站单位装机容量的总投资，单位为元/千瓦。①

（2）区别与联系

上网电价、度电成本、发电成本都是指单位年发电量的总投资，单位为元/千瓦时；投资成本是指电站单位年装机容量的总投资，单位为元/千瓦。可以看出，上网电价、度电成本、发电成本与投资成本衡量的指数不一样，前三者衡量的是单位发电量的投资，后者衡量的是单位装机容量的投资。

上网电价、度电成本、发电成本的关系。由于新能源成本较高，一般政府采取标杆电价。度电成本包括确保既定的资本金收益率（IRR，一般要求资本金收益率不低于10%），因此度电成本一般大于发电成本；如果折现率为零，则度电成本等于发电成本。从以上分析可以看出，一般来说，上网电价>度电成本>发电成本。

2.1.5　新能源产业投资的概念及要素

（1）新能源产业投资的概念

投资是指经济主体为获取经济利益而垫付的投资，期望后期获得更多现金流入的行为。② 投资可分为直接投资和间接投资。能源在国民经济和社会发展中具有制约性、战略性的地位。新能源产业投资具有一定的基础性投资，是由能源的基础地位决定的。因此，新能源产业投资主要是指经济主体为了获得能源建设预期效益，而将现期的一定收入转化为资本的活动。

（2）新能源产业投资的要素

新能源产业投资的要素包括投资主体、投资客体、投资目的。

①新能源产业投资主体。新能源产业投资主体是投资的所有者，可以是自然人或法人，负责提供资金投资、投资规划、决策与运营、债务承担和享受收益。在计划经济年代，产业的投资主体主要是国务院计划部门、能源部门、财政部门、各省级、市（县）级发展改革、能源和财政部门。目前，新能源产业投资主体呈现多元化趋势，主要包括政府部门、新能源产业企业、金融机构和个人等。政府部门制定投资各方行为准则和维护市场秩序。企业、个人等投资主体按照公平原则进入市场并积极参与市场行为，目的就是为了获取经济利益。

由于新能源产业投资具有资金规模大、门槛较高的特点，能够参与的投资主体一般是政府或者大型国有企业，但对于一些经营性的新能源产业项目，其投资主体可以是企业或

---

① 资料来源：http://www.sohu.com/a/194783020_654874.
② 黄良文. 投资学［M］. 北京：中国对外经济贸易出版社，1999.

个人。

笔者根据相关资料整理了世界主要国家新能源产业投资主体之间的比较,见表2-1。

表2-1 主要国家新能源产业投资主体比较

国家	政府投资主体	市场投资主体	其他投资主体
欧盟	国家、州和地方政府、机构	公私合作(PPP)、商业公司、企业、私人部门等	非政府组织
美国	联邦、州和地方部门、机构	公私合作(PPP)、企业、私人业主等	非政府组织、研究所
日本	国家和地方政府部门、机构	公私合作(PPP)、企业、私人业主等	非政府组织
中国	国家、省和地方政府部门、机构	公私合作(PPP)、企业、私人业主等	非政府组织

资料来源:笔者根据相关资料整理。

②新能源产业投资客体。投资客体是指投资的实物项目,如厂房、设备、原材料、动力燃料等。新能源产业投资客体分为两类:一类是指与新能源直接相关的直接投资,主要包括新能源设备、厂房、零部件、原材料等,如硅料、稀土、风电设备及零部件;另一类是指与新能源开发与利用相关的间接投资,主要包括辅助服务业,如设备安装、运用维护、电网改造、技术咨询等。

③新能源产业投资目的。新能源产业投资目的是获得一定的效益。不同的投资主体所追求的效益是不同的,如政府作为投资主体,主要是为了获得社会效益和生态效益,而企业或私人投资者则更多的是追求经济效益。投资主体的多元化也就决定了投资效益的多样化。由于新能源产业投资规模大,建设周期长,投资具有一定的风险性,未来产生的效益也不确定。

2.1.6 新能源产业投资的"三性"

(1)新能源产业投资的产业性

新能源产业投资的产业性是指新能源的产业发展不再局限于能源安全和应对气候变化,还可以成为一国或地区拉动经济发展、促进就业和保护环境的重要产业。

①拉动GDP。新能源产业不仅是能源供给产业,也是战略性产业和新兴产业,可作为拉动一国和地区产业发展和促进绿色经济增长的支柱产业。在2008年全球金融危机后,许多国家和地区将该产业作为拉动经济发展的新增长点。

②促进就业。开发利用新能源产业有助于地方经济的发展,国际能源署(IEA)研究表

明，与同样规模的传统化石能源产业相比，新能源产业可以带来更多的投资利润和就业机会。以就业为例，按照国际能源署对未来能源消费量计算，到2030年，47%的能源领域工作岗位将来自新能源产业。[1]

③产生正外部性。传统化石能源的消费带来了大量的负外部性，如环境破坏、空气污染、土壤恶化、水资源污染等问题，而新能源产业投资可以促进正外部性效应，如提供洁净空气、水源、土壤。新能源产业投资带来了社会总福利的增加。

(2) 新能源产业投资的公共性

能源属于社会必需品，具有公共性，是社会生产和居民生活的基础资料，长期以来，主要由国家垄断经营。而新能源作为当前的补充能源和未来的主要能源，其投资具有公共物品的特征，投资项目可分为公益性项目、准公益性项目(排他性，但非竞争性)、经营性项目。因此，在进行新能源产业投资的过程中，应当对特殊方式予以支持，政府需加强引导和监督，出台吸引社会资金投入的政策以解决新能源产业投资不足的问题，这样才能有效地推动社会和经济健康、持续地发展。笔者整理了不同物品性质的新能源项目及市场有效供给方式，见表2-2。

表2-2　　　　　　不同物品性质的新能源项目及市场有效供给方式

物品性质	物品形式	市场配置障碍	市场供给有效性	政府是否介入
公益性新能源项目	低碳空气、新能源产业路灯	投资规模超出多数市场主体财力、公益性强存在，搭便车现象	市场供给不足	需政府介入，并且主要依靠公共财政进行供给
准公益性新能源项目	碳交易市场、新能源公共交通	投资规模超出多数市场主体财力、公益性强存在，搭便车现象	市场供给不足	需政府介入，通过财政补贴、贴息、政府性融资等手段扶持、同时鼓励社会资本参与
经营性新能源项目	新能源电站、配电网、电力销售、旅游观光、综合经营	不存在	市场供给充足	不需政府介入

资料来源：笔者整理。

①公平性。新能源产业投资的公平性是指要满足公众能源使用的公平性。能源是国

---

①　数据来源：国际能源署(International Energy Agency，IEA)的《全球能源展望》和《能源革命2012》。

民经济和社会发展的重要物质基础。新能源作为未来能源的主要能源，在各国能源转型中扮演重要的角色。新能源作为未来的主要能源需覆盖本国境内，通电率要覆盖全国，且价格要低廉，不论贫穷还是富贵，无论是城市还是农村，都应享有使用能源的权利。能源的可得性在一些贫穷落后国家是一个重要指标。在全球范围内，有近11亿人用不上电，近26亿人依靠传统生物质能生活，如非洲地区能够获取可靠、性价比高和可持续的能源是国家基本的诉求。预计到2030年，还有近10亿人存在用电难和用电贵问题，25亿人仍将依靠传统生物质能生活，投资需从目前的每年90亿美元增加到近500亿美元。①

②安全性。由于各国能源资源禀赋程度不一，对能源进口国来说，对外依赖度高，国际谈判力差，运输距离远，能源安全性差。而对于能源出口国来说，资源优势将给该国带来外交优势和经济发展优势。因此，为解决资源贫瘠国的压力，发展新能源产业是首选，新能源产业不仅可以带动产业发展，增加能源供给，而且能确保一国军事和经济安全，降低受他国影响的政治风险。

③公益性。新能源产业投资有利于医疗、教育和就业等社会福利，社会福利的增加是衡量新能源产业利用效果的一个重要方式。为应对全球气候问题和减少二氧化碳排放，联合国气候变化框架公约成立了国际清洁发展机制（CDM），帮助成员国特别是发展中国家，转让清洁能源技术。不同于商业技术许可，CDM具有公益性质，旨在提高社会福利。

（3）新能源产业投资的网络性

目前新能源主要用于发电，为大电网提供能源，也为微网提供能源，与传统能源不同，其受风电、光照等资源影响，具有较大的波动性。因此，新能源网络也是影响新能源产业发展的一个重要因素。新能源网络包括大电网、微电网、能源信息互联网。

①大电网。电网主要是大电网，既包括传统化石能源的输送，也包括大型的集中式新能源发电的输送。现有的大型电网结构如图2-2所示。

②微电网。微电网是基于局部配电网建设，由分布式电源、储电设备、电力转换器等设备组合，包括微型发、输、配电系统，既可兼容光、风等各类分布式能源互补，又能接纳高比例新能源电力；既可与公共电网互联，也可独立运行的智慧局域网；既可从外部电网获取电力，也可向电网输送电力。

微电网建设可依托现有电网，也可以是单个独立的微网建设，还可以是多个小型微电网组成的微电网群。微电网主要有三个作用：一是增加电力来源。由于很多地区电力短缺，经常出现拉闸限电现象，加上大电网审批时间长，建设周期长，短时间难以消除电力供应问题，而微电网的运用，可以弥补大电网缺陷，增加电力供应来源。二是防范电力风险。在全国范围或地区内的大电网是一张"整网"，在电网出现问题时，如地震、暴风雪

---

① 资料来源：世界银行2015年年报。

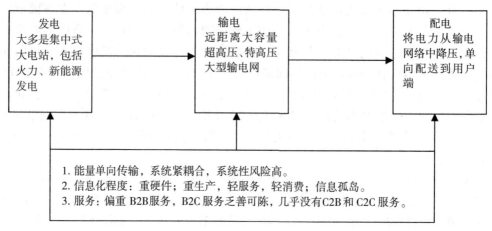

图 2-2　大型电网结构图①

等情况时容易导致整个系统瘫痪，而微电网可以独立运行，在大电网出现中断后可以补充电力来源。三是可以消纳新能源电力系统。由于各地区资源不同，新能源电力系统比较偏僻或离负荷中心较远，出现并网难的问题。因此，微电网的建设可以接纳更多的新能源电力，可以有效解决弃风和弃光现象。

目前仍有数十亿的人口仍用不上电(约 12 亿人口)，很多人也没有清洁的烹饪设施(约 27 亿人口)。传统通过电网延伸供电的模式正在被新商业模式和技术逐步替代，不论是微网还是微电网群都在快速发展。目前，微网市场每年增长超 2000 亿美元。2016 年，在光伏和风电领域，有超过 23MW 的微网项目已经启动。②

③能源信息互联网。能源信息互联网是能源、信息、互联网的融合，是未来能源输入和输出的第三方平台，任何电力生产者和消费者都可以在这个平台进行信息交流和买卖电力，任何合法主体可以自由接入和分享。③ 该平台借助互联网技术，收集能源供需信息，调度供给需求，解决以新能源为主的能源供需平衡。目前运行较好的公司有美国的 Freedm 公司、欧洲的 E-energy 公司和德国的 C-sells 公司。

(4)新能源产业投资"三性"之间的关系

①产业性与公共性的矛盾。新能源投资的产业性要求按市场化、产业化发展，追求的是利润最大化；新能源产业投资的公共性要求能源的公平性，无论多远，多偏僻，居民都能享受到能源服务。因此，形成了新能源产业市场化运作和平等消费的矛盾。

②产业性与网络性的矛盾。新能源产业发展是在市场经济规律下，包括上下游产业，

---

① 彭鹏. 微型电网：未来无可限量[J]. 华为技术，2011(12).

② 资料来源：全球能源转型. https://www.toutiao.com/i6431757074052416001/.

③ 曹军威，清华信息科学与技术国家实验室(筹)公共平台与技术部主任。

要求建立多个主体，成为独立的核算体系，而新能源产业的网络性，要求全国一张网，不管现有的垂直式电网还是未来的圆环式电网，都要求安全联合作业，实行一个主体，统一核算，以便统筹协调、以近补远和独立核算。因此，新能源产业的产业性和网络性造成了多个主体、独立核算与一个主体、统一核算的矛盾。

③公共性与网络性的矛盾。新能源产业投资的公共性要求在本国境内，无论距离远近，山区或是城市，成本有多高，都必须确保居民能平等使用电力能源。而新能源产业投资的网络性则意味着不同地区的运营成本不一样，因此形成了能源的统一低廉价格和新能源产业投资成本不一的矛盾。

④公共性与产业性、网络性的矛盾。新能源产业投资的公共性目标是注重人人平等，不以营利为经营目的，提供人人可以支付得起的能源服务。公共性要求普遍服务人人平等的目标，与网络性的规模经济和范围经济要求多元化经营的目标相矛盾，非营利的经营目标与新能源产业投资的产业性相矛盾。

⑤网络性目标与公共性、产业性的矛盾。网络性目标是全程全网、单个主体、统一核算、单位成本低和业务多样化，同时实现规模经济和范围经济。单个主体、统一核算的目标与产业性要求的多个主体、独立核算相矛盾，业务的多样化目标与能源的平等消费相矛盾。

⑥产业性目标与公共性、网络性的目标。产业性的目标要求建成自主经营、独立核算、参与竞争、追求利润和自负盈亏的现代管理制度的企业。追求利润目标与公共性的非营利目标相冲突。自主经营、独立核算和参与竞争目标与网络性的单个主体、统一核算目标相矛盾。

⑦兼顾三者的可能性。产业性目标是发展新能源产业，促进经济发展，拉动 GDP 的增长，增加就业。公共性目标是保障一国能源安全，要求人人能够消费能源，能够呼吸洁净空气。网络性目标是要实现规模经济，降低成本。新能源产业投资的"三性"目标中的两个或三者间都存在一些冲突的地方，解决其矛盾的唯一措施是统筹兼顾。从各国实践来看，普遍做法是：以新能源产业投资作为拉动经济引擎，按市场化运作、建立大电网和微网共存网络体系，同时对新能源产业投资进行补贴扶持，弥补新能源产业投资的正外部性。这样既能解决公共性问题，也兼顾了产业性和网络性，如德国为解决能源短缺和危机，于 2004 年开始重点发展新能源产业，不仅拉动了经济增长，而且与欧洲建立了互补电网体系，同时减少了碳排放，给本国和他国人民带来了健康福利，这说明兼顾"三个"性是可行的。世界各国新能源产业投资持续不断，其中一个重要的原因在于新能源产业作为基础行业，影响甚广，既可以作为产业发展，又兼顾公共性，还具备网络性，满足产业性、公共性、网络性三个特征。

通过分析世界主要国家新能源产业的投资历程，在新能源产业投资的早期，市场化因素较弱，作为新兴产业，更多的是政府在推动，尤其是研发、技术应用和产品推广上需要政府的推动。政府的重视程度也直接影响一国新能源产业发展的快慢进度、技术水平、国际市场地位和发展兴衰。

2.2 新能源产业投资理论

2.2.1 战略性新兴产业理论

战略性产业由美国经济学家赫希曼（1958）①最先提出，让关联最密切的经济部门成立为"战略部门"，后用来指一国为实现产业结构目标，选定对于国民经济发展具有重要意义的产业，包括主导产业、支柱产业、先导产业和基础产业。② 新兴产业是指随着新的科研成果、新兴技术的发明与应用而出现的产业，如电子信息、生物医药、新材料、新能源、节能环保、航空航天等。战略性新兴产业是我国最先提出的，2009 年为应对国际金融危机，时任国务院副总理李克强指出要通过战略性新兴产业培育新的经济增长点，同年 9 月，时任国务院总理温家宝听取了各大部委关于战略性新兴产业的报告。2010 年 10 月，国务院会议通过了《国务院关于加快培育和发展战略性新兴产业的决定》，并于 2012 年颁发了《"十二五"国家战略性新兴产业发展规划》，规划指出战略性新兴产业包括新能源、新材料、节能环保、新一代信息技术、生物医药、高端装备制造和新能源汽车七大产业。③

综上，战略性新兴产业具有"战略性""新兴性""知识技术密集""经济内生增长引擎""节能环保"等特征，具有多层次含义。第一层次是国家战略，影响国家政治、经济、军事、外交等层面，如云计算、互联网、5G 通信技术、航天电子技术、导弹发射技术、量子精密技术、无人飞行技术和新能源开发技术。第二层次是产业层面，可作为培育新的经济增长点的产业，以驱动经济内生增长，如新能源汽车、新材料、高端装备制造、节能环保等产业。第三层次是储备人才和技术。由于战略性新兴产业具有知识技术密集特征，需要投入大量的人力和资本，一方面技术研发阶段可以促进高端人才储备和开发，另一方面产业运用和推广阶段可以拉动就业效应。第四层次是资源节约。由于战略性新兴产业具有节能环保特征，改变了传统依靠"高消耗""高污染"的方式，转向依靠物资和资源消耗少的发展模式。

因此，本书新能源产业具有上述四个层次含义，既保证了国家战略需求，又满足了经济增长要求，同时还拉动就业、保护环境和节约资源。

2.2.2 供给侧结构性改革理论

供给侧结构性改革理论包括提出背景、改革目标、改革内涵和理论应用。

---

① 赫希曼. 经济发展战略［M］. 潘照东，曹征海，译. 北京：经济科学出版社，1958.

② 李东霖. 战略新兴产业发展研究［D］. 北京：中共中央党校，2015.

③ 目前，国家层面已先后出台了《关于加快培育和发展战略性新兴产业的决定》《关于鼓励和引导民营企业发展战略性新兴产业的实施意见》《关于促进战略性新兴产业国际化发展的指导意见》《"十二五"国家战略性新兴产业发展规划》以及节能环保产业、新一代信息技术产业等专项产业规划，为战略性新兴产业的发展提供了指导性意见。

（1）供给侧结构性的提出背景和改革目标

①提出背景。供给侧结构性改革理论是中国新供给经济学理论，是以习近平同志为核心的党中央在我国经济进入新常态的大环境下，为增强我国经济可持续发展和国际竞争力，推动我国经济变革转型，开启经济发展新周期的战略思路背景下提出的。该理论与西方供给经济学有较大差异，"美式供给经济学"核心是强调减税，用减少税收的方式激活企业创新，增加市场供给量，"英式供给经济学"核心是私有化，通过国有企业私有化改革，减少行政干预，激活市场。而关于中国供给侧结构性改革，众多学者也进行了研究，但尚未形成完整的理论体系。如林毅夫（2017）①认为补齐短板是供给侧改革的"活棋"。吴敬琏、厉以宁、林毅夫（2016）②认为经济增长的驱动力要从增加投资转向增加索洛余值 A③（提高全要素生产率 TFP），即加快技术进步，转向依靠技术进步和效率提高。

因此，供给侧结构性改革理论也不同于以往我国关于社会主义市场经济体制建设的理论，它具有具体性、综合性和全局性，通过市场和政府驱动，实现资源要素有效供给、质量提升和高效配置。

②改革目标。改革目标包括多方面：一是激活经济增长潜力和活力。促进劳动力、资本、制度、创新等资源要素的有效供给，提高资源生产要素价值转化效率。二是强调经济发展的质量和效益。经济发展强调对环境的保护，既要满足现代人生活需求，也要满足后代人的需求。因此，通过改善有效供给，减少低端供给，提高中高端供给，满足人们对品质和质量增长的要求，实现供需平衡和资源匹配。三是实现经济可持续增长。通过调整生产结构和驱动技术创新，通过转变发展方式，实现经济、社会和环境的可持续发展。

（2）供给侧结构性改革内涵

根据肖林④（2016）关于供给侧结构性改革的解读，可将供给侧结构性改革分为三部分：一是"供给侧"含义，是指从生产端出发，改善产品的生产方式，加强有效供给质量。二是"结构性"含义，是指资源配置、产业调整和区域发展的合理性。三是"改革"含义，主要是市场化改革，包括政府与企业职能分离、制度改革和体制改革，强调用市场化来提高效率和效应。

（3）供给侧结构性改革理论在新能源产业投资方面的应用

供给侧结构性改革在我国新能源产业投资的应用方向有：能源互联网的改革、上网电

---

① 林毅夫. 补短板是供给侧结构性改革的"活棋"[J]. 财经界(学术版), 2017(5).

② 吴敬琏, 厉以宁, 林毅夫. 解码"供给侧改革"[M]. 北京：群言出版社, 2016.

③ 索洛余值是新古典经济学推动供给的要素之一，即技术进步。

④ 肖林. 新供给经济学：供给侧结构性改革与持续增长[M]. 上海：格致出版社、上海人民出版社, 2016.

价制度的改革、投资主体的改革、投资战略定位的改革和能源定价机制的改革。

①能源互联网的改革。当前电网采用"垂直"模式，为简单的生产和消费关系，较少考虑用户需求，缺少互联交流和沟通，生产者和消费者都是被动的信息接收者。能源互联网供给侧结构性改革就是要满足用户需求端，进行能源互联网改革，使生产者和消费者可以自由交流，电网仅是电力买卖的第三方平台，对生产者和消费者需求进行管理和优化。

②上网电价制度的改革。我国新能源上网电价采取的是固定上网电价，早期这一制度促进了新能源产业投资。然而随着规模的扩大，局部地区出现大量的弃风和弃光现象，如何更好地进行规模管理和制度改革是解决新能源消纳问题的关键。因此，对新能源上网电价制度进行供给侧结构性改革能促进新能源产业投资。

③投资主体的改革。我国新能源产业投资主体主要是国有企业，从发、输、配电端来看，发电企业基本是国有的五大发电集团，输配电基本上也是国家垄断经营。民营企业在资金、技术和市场上处于劣势，只能在新能源上下游的设备等中间环节进行投资，未来民营企业是发展新能源产业的"生力军"。因此，对新能源产业投资主体进行供给侧改革，不仅可以激发企业家的创业精神，而且有利于促进新能源产业的投资。

④投资战略定位的改革。当前我国新能源产业投资战略定位更多的是考虑"碳约束""碳减排"和"能源供给"等因素，忽略了其他因素，如供给质量和品质。虽然我国新能源产能居世界第一，但面临"技术和市场"两头在外，以及美国、欧盟等国的"反倾销"调查。通过供给侧结构性改革，大力改善我国新能源产品供给结构，减少低端产品供给，优化高端产品升级，并从需求端调整能源结构，达到供需新平衡。因此，重新构建我国新能源产业投资战略定位，对发展新能源产业有积极作用。

⑤能源定价机制的改革。新能源价格与新能源技术水平、产业规模和利润率等因素相关，目前新能源定价机制有四种：固定电价、配额电价、招标电价和绿色电价。我国采用的是固定电价法，这种定价方式方便简单，可以算出投资回报率，但这种定价并不包括能源的碳排放减少价值和环境效应。传统化石能源定价未包括环境成本，也无法计算化石能源消费的负外部性问题。以风电为例，2017 年我国一类资源区陆上风力发电上网标杆电价为 0.4 元/千瓦时，参照内蒙古脱硫标杆电价为 0.2772 元/千瓦，化石能源的环境成本为 0.5091 元/千瓦，合计化石能源成本约为 0.7863 元/千瓦，远远高于陆上风力发电上网标杆电价。因此，完善新能源和传统能源定价机制，对我国新能源产业投资有较大的促进作用。①

---

① 资料来源：发改价格［2016］2729 号：《国家发展改革委关于调整光伏发电陆上风电标杆上网电价的通知》。

3 我国新能源产业投资现状与问题研究

3.1 我国新能源产业投资政策回顾与成果

我国对新能源产业投资设定了政策目标，即到2020年和2030年实现非化石能源分别占一次能源消费比重的15%和20%。我国新能源产业政策经历了萌芽、启动、发展和成长四个阶段。

3.1.1 政策回顾与成果

（1）我国新能源产业投资萌芽阶段（2000年以前）

1995年1月，国家计委等部门制定《1996—2010年新能源和可再生能源发展纲要》，明确了加快新能源和可再生能源的发展和产业建设步伐。1995年9月，在中共十四届五中全会上通过《中共中央关于制定国民经济和社会发展"九五"计划和2010年远景目标的建议》，要求"积极发展新能源，改善能源结构"。1995年12月，第八届全国人民代表大会常务委员会第十七次会议通过的《中华人民共和国电力法》明确"国家鼓励和支持利用可再生能源和清洁能源发电"。

1998年1月1日实施《中华人民共和国节约能源法》，明确提出"国家鼓励开发利用新能源和可再生能源"。

1999年11月，国家经贸委发布《关于进一步促进风力发电发展的若干意见》，指出在国家逐步加大对风力发电投入的基础上，鼓励多渠道融资发展风力发电，允许国内外企业和投资者投资风电场建设。[①]

2000年8月，国家经贸委资源节约与综合利用司颁布《2000—2015年新能源产业和可再生能源产业发展规划》，系统分析了以新能源和可再生能源为基础的能源产业发展、市场情况、预期效益和制约因素。

发展成果：截至2000年，我国新能源累计装机容量为2778.64万千瓦，累计发电量为31.84亿千瓦时，并网新能源累计装机容量为122.4万千瓦，约占总装机容量的4.4%，并网新能源发电累计28.11亿千瓦时。该阶段，我国并网新能源主要包括风电、生物质能

---

① 资料来源：国经贸电力〔1999〕1286号。

和地热海洋能；光伏处于起步阶段，累计装机容量 42MW，累计发电为 4600 千瓦时，但处于离网发电，尚未并网。

（2）我国新能源产业投资启动阶段（2001—2005 年）

2002 年 6 月实施《中华人民共和国清洁生产促进法》，提出了清洁生产的概念。[①] 法律规定税收激励和清洁生产的目标和标准。交通部颁发了《乙醇生产的补贴和减税政策》。

2005 年 2 月通过并实施《中华人民共和国可再生能源法》，鼓励和支持可再生能源并网发电，同时对上网电价进行管制。7 月国务院发布了《国务院关于加快发展循环经济的若干意见》，制定了可再生能源发电项目的利用最低目标线。

发展成果：截至 2005 年，我国新能源累计装机容量为 2971.34 万千瓦，累计发电量 70.51 亿千瓦时，并网新能源累计装机容量为 308.5 万千瓦，约占新能源总装机容量的 10.4%，并网新能源累计发电量为 69 亿千瓦时。2005 年新能源消费总量为 0.0236 亿吨标准煤，占能源总量的 0.1%。该阶段，尽管光伏和风电装机容量大大增加，但是并网总容量较少。[②]

（3）我国新能源产业投资发展阶段（2006—2010 年）

2006 年 1 月，国家发展改革委颁布了《可再生能源发电有关管理规定》，制定了可再生能源发电项目的上网电价制度。[③]

2007 年 6 月国务院通过《可再生能源中长期发展规划》，指出可再生能源包括水能、生物质能、风能、太阳能、地热能和海洋能等，具备资源潜力大、环境污染低、可永续利用等特点，是人类与自然和谐发展的重要能源。鼓励生产和利用可再生能源，有利于提高其在一次能源消费中的比重。8 月财政部设立了《风电设备产业基金》。10 月颁布了《中华人民共和国节约能源法（修正案）》，其修改内容包括提高能源利用效率和能效标准，出台监管体系和政策激励政策。

2008 年 8 月，《中华人民共和国循环经济促进法》明确了循环经济的概念。国家环境部编制了全国循环经济发展规划，并制定具体措施。科技部为鼓励开展国际新能源合作，颁布了《国际新能源产业与可再生能源科技合作方案》。

2009 年 3 月，财政部、住房和城乡建设部联合发布《关于加快推进太阳能光电建筑应用的实施意见》，指出我国太阳能资源丰富，开发利用太阳能是提高可再生能源应用比重和调整能源结构的重要抓手。8 月，《可再生能源法修正案（草案）》发布，内容包括：全

---

① 清洁生产是指不断采取改进设计，使用清洁的能源和原料，采用先进的技术和设备，改进管理措施，提高利用率等，在源头上减少污染；减少或避免污染物的产生和排放，以减少或消除对人类健康环境的危害。

② 资料来源：中国可再生能源网，并网新能源产业包括风能、生物质能、地热海洋能。

③ 资料来源：发改能源［2006］13 号。

面补贴可再生能源发电，进一步提高可再生能源电价管理水平，设立可再生能源发展基金，完善可再生能源发电全额保障性收购制度，确定电网企业的可再生能源发电量最低收购目标，充分保护可再生能源的发电量。

2010年1月，国家能源局、国家海洋局联合发布《国家能源局发布海上风电开发建设管理暂行办法》，主要规范海上风电项目的开发建设管理，以促进海上风电有序开发、规范建设和持续发展，并指出海上风电发展规划应当与全国可再生能源发展规划、海洋功能区划和海洋经济发展规划相协调。① 9月，《中国清洁发展机制基金管理办法》发布，强调以基金带项目，以项目促方案，以资金保证方案有效执行，促进节能减排和发展新能源产业。10月，《国务院关于加快培育和发展战略性新兴产业的决定》中明确指出要加快培育和发展战略性新兴产业，构建国际竞争新优势，推动节能环保和新能源产业等新兴产业快速发展。加快太阳能热利用技术的推广应用，开拓多元化的太阳能光伏、光热发电市场。提高风力发电技术和设备水平，有序推进风能规模化发展，以适应新的智能电网体系和保障风电顺利并网。因地制宜地开发和利用生物质能。

发展成果：截至2010年，我国新能源累计装机容量为6429.61万千瓦，累计发电量为847.95亿千瓦时，并网新能源累计装机容量为3536.81万千瓦，约占新能源总装机容量的55%，累计发电量为744亿千瓦时。2010年新能源消费总量为0.26亿吨标准煤，占总能源消费的0.8%。该阶段，并网装机容量提高主要是由于风电并网速度加快，2010年风电累计并网装机容量为2958万千瓦，生物质能、地热海洋能较为稳定，波动不大，而太阳能光伏刚刚起步，并网装机容量仅为86万千瓦。②

(4)我国新能源产业投资成长阶段(2011年至今)

2011年3月，《关于进一步推进可再生能源建筑应用的通知》指出：要切实提高太阳能、浅层地热能、生物质能等可再生能源在建筑用能中的比重，到2020年，提高可再生能源在建筑领域的消费比例，可再生能源消费占建筑能耗的比重达15%以上。力争到2015年底，新增可再生能源建筑应用面积25亿平方米以上，重点区域内可再生能源消费量占建筑能耗的比例达10%以上，形成新能源消费3000万吨标准煤。

2011年3月，发展改革委出台了《产业结构调整指导目录》，在鼓励类的"新能源产业"方向设置了10个方面的支持类目录。4月，发改委、财政部、商务部在《鼓励进口技术和产品目录》中公布了对节水、节能、环保装备的技术支持目录，规定运用价格杠杆促进节能、节水和控制污染，制定支持循环经济发展的财政和收费政策。

2012年2月，工信部发布《太阳能光伏产业"十二五"发展规划》，明确了光伏的建设重点和产量等内容。6月，国家能源局发布了《关于鼓励和引导民间资本进一步扩大能源

---

① 资料来源：国能新能[2010]29号。

② 资料来源：中国可再生能源网，该阶段并网新能源产业包括光伏、风能、生物质能、地热海洋能。

领域投资的意见》，鼓励民间资本进入新能源产业领域。7月，国家发改委制定了《可再生能源"十二五"发展规划》，明确了新能源产业的"十二五"规划布局和建设重点工作。

2013年7月，国务院下发了《关于促进光伏产业健康发展的若干意见》《分布式发电管理暂行办法》。

2014年发改委先后发布了《关于做好2014年光伏发电项目接网工作的通知》《关于加强和规范生物质发电项目管理的有关要求的通知》《关于新建电源接入电网监管暂行办法》《关于规范风电设备市场秩序有关要求的通知》《关于进一步落实分布式光伏发电有关政策的通知》《关于规范光伏电站投资开发秩序的通知》等21项有关新能源产业发展的通知和指导意见。

2015年先后发布了《关于下达2015年光伏发电建设实施方案的通知》《关于组织太阳能热发电示范项目建设的通知》《关于开展可再生能源就近消费的试点通知》《关于改善电力运行调节促进清洁能源多发满发的指导意见》《关于推进新能源产业微电网示范项目建设的指导意见》等8项有关新能源产业发展的通知和指导意见。

2016年先后发布了《关于我国"十三五"新能源产业五年规划》《可再生能源全额保障性收购管理》《完善太阳能发电规模管理和实行竞争方式配置项目的指导意见》《能源技术创新"十三五"规划》《海上风电开发建设管理办法》《关于推进绿色小水电发展的指导意见》《关于太阳能热发电标杆上网电价政策的通知》《电力发展"十三五"规划》等14项有关新能源产业发展的通知和指导意见。

发展成果：经过这个阶段的发展，我国新能源产业发展走在了国际前列。截至2016年，我国新能源累计装机容量为26622.91万千瓦，并网新能源累计装机容量为23824万千瓦，约占我国新能源总装机容量的89.5%，并网新能源累计发电量3721亿千瓦时。新能源消费合计0.822亿吨标准煤，占全国总能源消费的比重为1.89%。2016年全国多个省份的新能源和可再生能源成为第二大供给电源。该阶段新能源并网消纳较快，主要是由于风能和光伏装机的大量并网，分别占比99.8%和99.5%。未并网的能源主要是地热能，因该能源主要是设备技改和回收再利用，无需并网。因此，截至2016年，我国新能源并网基本完成。①

3.1.2 我国新能源产业发展成果分析

（1）成果特点分析

①扶持政策较多。新能源产业发展相关部门出台了相应的扶持和指导政策，包括法律法规和发展规划，为新能源产业顺利投资提供了较好的政策环境，为我国新能源产业发展奠定了基础。据统计，2001—2016年共出台109项有关支持新能源产业发展的指导意见

---

① 资料来源：中国可再生能源网，该阶段并网新能源产业包括太阳能、风能、生物质能和海洋地热能。

和管理办法，颁布涉及部门有国务院、国家发改委、国家能源局、国家财政部、国家税务局、国家工信部、国家建设部、国家农业部、国家水利部、国家扶贫办、国家国土局、国家电网等，涉及部门较多，各年份发布的产业政策数量如图3-1所示。

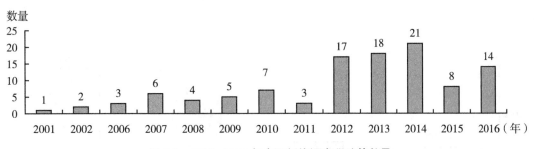

图 3-1　2001—2016 年我国新能源产业政策数量

资料来源：根据国家发改委、科技部、能源局等相关网站整理得出。

从图 3-1 可以看出，我国在 2001—2016 年出台的政策较多，这些政策涉及较广，内容包括战略规划、政策支持、经济工具、监管管理、财政支持、税务减免、技术标准。这些支持政策为新能源产业第二阶段的发展提供了保障。

②装机容量增长较快。新能源产业装机容量由 2000 年的 2778.64 万千瓦增至 2016 年的 26622.91 万千瓦，增长幅度约为 858%。年均增幅约为 115%。其中以第四阶段增长最快，增长幅度达 314.1%。各阶段增长率如图 3-2 所示。

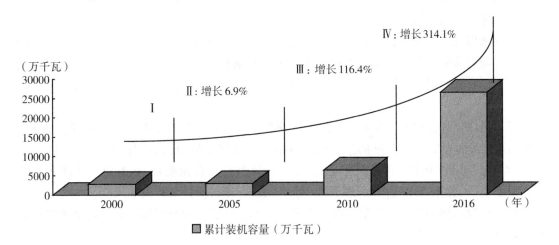

图 3-2　我国新能源产业各阶段新能源产业装机容量

从图 3-2 可以看出，第二阶段增长较慢，新能源装机容量由 2778.64 万千瓦增至 2971.35 万千瓦，增长幅度为 6.9%。其原因主要是我国新能源产业发展经验和人才缺乏。第三阶段通过引进国外技术，经过摸索、总结、学习、消化、模仿和创新，该阶段增长率达116.4%。

③装机并网比例不断提高。新能源装机容量并网消纳比例不断提高，2000年累计并网装机容量为122.4万千瓦，2016年增至23824万千瓦，是2000年的194.6倍，年均增幅约为139%。其中以第四阶段消纳比例最高，消纳比例达89.5%，各阶段消纳比例如图3-3所示。

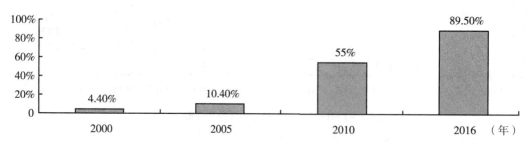

图3-3　我国新能源产业各阶段新能源产业装机容量并网比例

从图3-3可以看出，第一阶段消纳比例最低，仅为4.4%，随着国家体制改革和政策相继出台，新能源装机容量并网得到了有效缓解。

（2）初步形成新能源产业集聚区

当前我国新能源产业发展迅猛，已呈现区域化、集群化，产业链互补，产业竞争力不断提高的局面。从新能源企业分布区域来看，已初步形成环渤海、长三角、珠三角、中部地区和西部地区五大板块。

环渤海以河北为中心，是新能源产业的研发和上游材料加工地，集中了我国30%的风电装备制造企业，代表企业有龙源电力集团股份有限公司（简称龙源电力）、保定天威英利新能源有限公司（简称天威英利）、华锐风电科技（集团）股份有限公司（简称华锐风电）。

长三角以江苏为中心，是光伏和风电企业的制造基地，集合了我国60%的光伏企业、20%的风电设备企业，代表企业有保利协鑫能源控股有限公司（简称保利协鑫）、阿特斯太阳能光电（苏州）有限公司和天合光能有限公司（简称天合光能）、东方电气集团东方电机有限公司（简称东方电气）、天顺风能（苏州）股份有限公司（简称天顺风能）。

珠三角以深圳为中心，主要发展下游应用产品，代表企业有深圳市拓日新能源科技股份有限公司。

中部地区以江西、湖北、湖南为核心，主要是光伏和风电的原材料基地，产业链发展较为齐全。代表企业有江西赛维LDK太阳能高科技有限公司（简称江西赛维）、江西晶科能源有限公司（简称江西晶科）、宜昌南玻硅材料有限公司（简称宜昌南玻）、益阳市晶鑫新能源科技实业有限公司（简称益阳晶鑫）、湘潭电机股份有限公司（简称湘潭电机）。

西部地区以四川、重庆为中心，是新能源产业发电项目基地，西北地区集中了我国

90%的风电和太阳能光伏发电项目。西南地区是主光伏上游多晶硅原料生产基地，代表企业为四川瑞能硅材料有限公司、大全新能源有限公司(简称大全新能源)、四川永祥多晶硅有限公司、特变电工股份有限公司(简称特变电工)、新疆金风科技股份有限公司(简称金风科技)。

3.2 我国新能源产业投资现状

3.2.1 我国新能源产业投资组织框架

根据国务院改革方案，为加强能源战略决策和统筹协调，国务院于2010年成立了国家能源委员会①，负责拟订国家能源发展战略，审议能源安全和能源发展中的重大问题，统筹协调国内能源开发和能源国际合作等重大事项。2016年，国家对委员会进行了调整②，国家总理任委员会主任，20个部委出任委员，国家能源委员会办公室主任由发展改革委主任兼任，副主任由能源局局长兼任，办公室具体工作由能源局承担。根据十三届全国人大一次会议通过国务院机构改革方案③，国家对部门进行了调整，但国家能源局仍属于国家发改委，职能不变。国家发改委应对气候变化和减排的职责，归至新组建的生态环保部，实行管理职能和监管职能分离，生态环境部负责能源的监管职能(如图3-4所示)。

从图3-4可以看出，由于新能源产业涉及价格、税收、市场准入、金融等多方面，为统筹推进能源改革，设立了国家能源委员会，对推进新能源产业改革和规划有积极的推动作用。2013年将国家能源局、国家电力监督委员会重新组建国家能源局，由国家发改委管理。国家能源局下设规划司、法改司、新能源产业司等部门。新能源产业司负责指导协调新能源产业发展、可再生能源和农村能源发展，组织拟订新能源产业、水能、生物质能和其他可再生能源的发展规划、目标计划和政策实施。

3.2.2 我国新能源产业投资管理办法

我国新能源产业投资管理体制有审批制、核准制和备案制。2004年以前实行审批制，项目审批不分投资主体、资源来源、项目性质，一律按照投资规模大小分别由各级政府及有关部门审批。2004后出台了新的投资体制改革④，实行项目核准制和备案制。区别项目核准制和备案制的依据是每年发布的《政府核准的投资项目目录》(以下简称《目录》)，对于《目录》内的实行核准制，对于《目录》外的实行备案制。该《目录》每年进行更新和细

---

① 资料来源：《国务院办公厅关于成立国家能源委员会的通知》(国办发〔2010〕12号)。
② 资料来源：《国务院关于调整国家能源委员会组成人员通知》(国办发〔2016〕46号)。
③ 资料来源：《国务院关于提请审议国务院机构改革方案》。
④ 资料来源：《国务院关于投资体制改革的决定》(国发〔2004〕20号)。

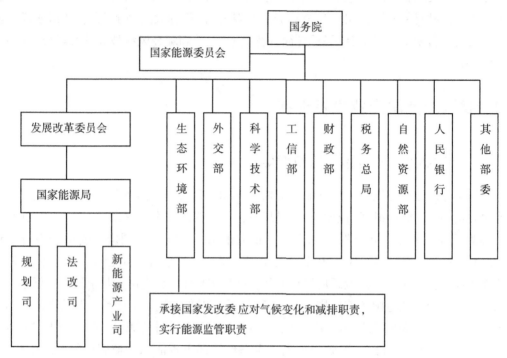

图 3-4　新能源产业组织机构框架

化。对于新能源产业投资，部分新能源产业电站项目实行核准制，对于新能源产业设备及制造业实行备案制。除核电站至今实行的是国务院核准外，其他新能源产业电站逐步放开审批。

3.2.3　我国新能源产业投资规模与经济性分析

（1）我国新能源产业投资规模

2016 年我国新能源产业新增投资达 783 亿美元，同比下降 32%，是 2013 年以来的最低水平。其中 729 亿美元为金融类投融资，同比下降 34%；35 亿美元为小规模光伏工程投资，同比上涨 32%；19 亿美元用于政府研发投资，同比去年上涨 7%①（如图 3-5 所示）。

按新能源产业种类，可分为光伏发电投资、光热发电投资、风电投资、生物液体燃料投资、生物质及垃圾发电投资、地热能投资和海洋能投资，具体如下：

①光伏发电投资。2005 年我国光伏发电投资约为 5.7 亿美元，2016 年投资达 399 亿

---

① 数据来源：www.ren21.net，2016 年新能源产业新增投资包括太阳能发电、风能发电、生物质能发电、小型水电发电、生物液体燃料、地热发电和海洋能，不包括大于 50MW 的大型水电投资。

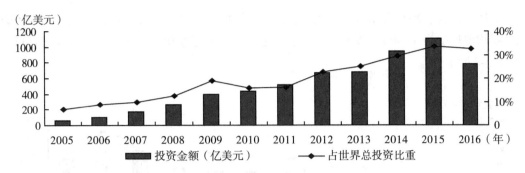

图 3-5 我国新能源产业投资金额

资料来源：Renewables 2017 Global Status Report, www.ren21.net.

美元，年均增长率为 47.1%。投资占世界比重由 2005 年的 3.5% 上升至 32.4%（如图 3-6 所示）。

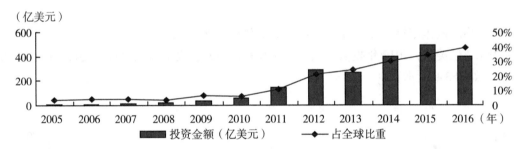

图 3-6 我国光伏发电投资金额

资料来源：2016 年全球新能源发展报告，www.hanergy.com.

②光热发电投资。我国光热发电投资较少，稳定性不强。2005 年我国光热发电投资仅为 0.2 亿美元，2015 年投资达 12.3 亿美元。2015 年投资占世界比重为 18%，最低为 2011 年的 0.3%（如图 3-7 所示）。

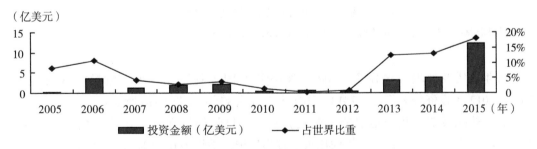

图 3-7 我国光热发电投资金额

资料来源：2016 年全球新能源发展报告，www.hanergy.com.

③风电投资。2005 年我国光伏发电投资约为 17.4 亿美元，2016 年投资达 350 亿美元，年均增长率为 31.4%。投资占世界比重由 2005 年的 6.9% 上升至 2016 年的 31.11%（如图 3-8 所示）。

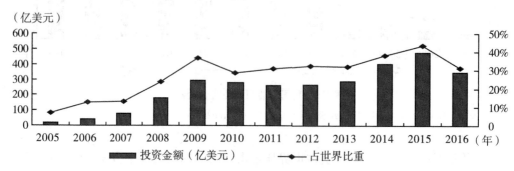

图 3-8　我国风电投资金额

资料来源：2016 年全球新能源发展报告，www.hanergy.com.

④生物质液体燃料投资。我国生物质能液体燃料投资较少，稳定性不强。2005 年投资仅为 4.7 亿美元，2012 年投资最低，仅为 0.6 亿美元，投资金额最高为 2006 年的 10.8 亿美元（如图 3-9 所示）。

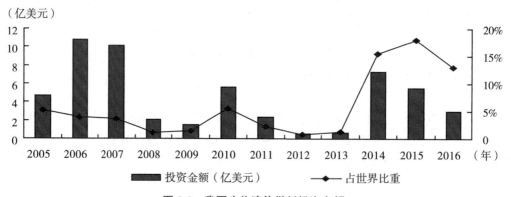

图 3-9　我国生物液体燃料投资金额

资料来源：2016 年全球新能源发展报告，www.hanergy.com.

⑤生物质及垃圾发电投资。2005—2016 年我国生物质及垃圾发电投资呈倒 U 形，2007—2012 年投资较为稳定，2013—2016 年呈下降趋势（如图 3-10 所示）。

⑥地热能投资。我国地热能投资较为稳定，每年保持在 0.1 亿美元左右，最高为 2016 年的 6 亿美元，投资占世界的比重也较为稳定，平均为 0.61%（如图 3-11 所示）。

⑦海洋能投资。我国海洋能投资较少，2005—2016 年间，仅 2006 年、2007 年和 2016 年分别投资了 0.83 亿美元、0.14 亿美元和 0.07 亿美元，其他年份的投资为零。

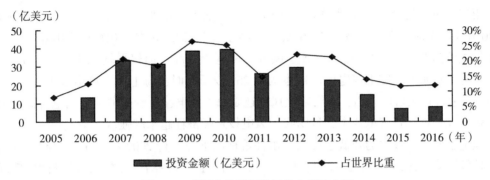

图 3-10 我国生物质及垃圾发电投资金额

资料来源：2016 年全球新能源发展报告，www.hanergy.com.

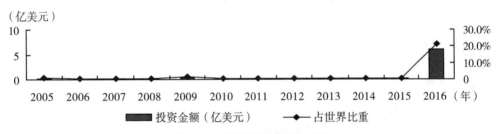

图 3-11 我国地热能投资金额

资料来源：2016 年全球新能源发展报告，www.hanergy.com.

（2）我国新能源产业投资经济性分析

对于传统火电厂，可以用单位装机量的投资额来衡量其经济性。对于新能源来说，由于需要政策补贴来弥补投资，采用单位发电量的投资额来衡量其经济性更为合理。

①不同新能源的投资经济性分析。我国新能源经济性分析用单位发电量的投资额来衡量，衡量指标有上网电价和度电成本，如上网电价越接近度电成本，说明投资经济性越高。

第一，光伏的投资经济性分析。2010 年世界光伏平均电价为 1.625 元/千瓦时，到 2016 年为 0.325 元/千瓦时，下降了 80%。① 目前，我国光伏上网实行的是固定上网电价，2016 年光伏发电平均上网电价为 0.918 元/千瓦时，同比下降 0.93%。部分地区采取竞标电价，从我国光伏技术领跑基地中标的电价和当地标杆上网电价对比来看，我国最低中标价为 2016 年的内蒙古乌海采煤沉陷区，中标价为 0.45 元/千瓦时，度电成本为 0.55 元/千瓦时。② 因此，可以看出光伏投资成本仍然很高，但在某些地区已经出现竞标价小于度电成本，说明光伏投资已基本实现经济效应。

---

① 资料来源：国际可再生能源署（IRENA）。
② 资料来源：国家能源局。

第二，风电的投资经济性分析。2010年世界陆上风电平均价格为0.52元/千瓦时，到2016年陆上风电平均价格为0.26元/千瓦时，下降37.5%。[1] 2016年我国陆上风电上网平均电价为0.338元/千瓦时，海上风电上网电价较高，加权平均为1.04元/千瓦时，高于世界平均水平；陆上风电度电成本为0.26元/千瓦时，海上风电度电成本为1元/千瓦时。[2] 通过比较可以看出，不管陆上风电还是海上风电，虽然比国际上网电价高，但上网电价已经基本接近度电成本，说明我国风电投资经济性越来越强。

风电上网电价成本的降低主要缘于组件价格的下降。自2007年以来，国际市场风机价格持续下降，2015年风机平均价格降至0.93百万美元/兆瓦，之后，风机价格持续降低。2007—2015年，我国市场风机价格整体呈下降趋势，中国生产的国际品牌价格下降幅度最大，同比下降22%。一方面是因进口关税下降；另一方面是由于我国风机生产制造企业技术质量提升，已达国际水平(如图3-12所示)。

（单位：百万美元/兆瓦）

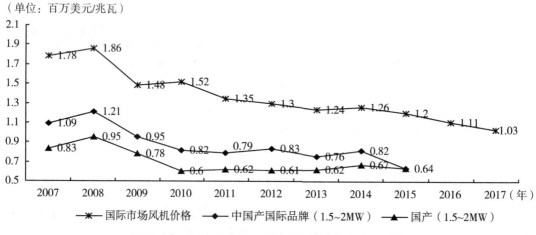

图 3-12　2007—2017年中国与国际市场风机价格比较

资料来源：2016年全球新能源发展报告，www.hanergy.com.

第三，光热发电的投资经济性分析。光热发电有三种，分别是槽式、塔式和线性菲涅尔式。槽式和线性菲涅尔式光热发电的度电成本相对比较稳定，度电成本约为1.69元/千瓦时~1.82元/千瓦时，塔式度电成本较便宜，约为1.43元/千瓦时。[3]

第四，海洋能的投资经济性分析。2016年，海洋能上网电价成本较高，波浪能发电平均成本为3.25元/千瓦时，潮汐能发电平均成本为2.86元/千瓦时。[4]

第五，生物质能的投资经济性分析。2016年，我国生物质能上网电价为0.169元/

---

① 资料来源：国际可再生能源署(IRENA)。
② 资料来源：国家能源局。
③ 资料来源：国际可再生能源署(IRENA)。
④ 资料来源：国际可再生能源署(IRENA)。

千瓦时~0.572元/千瓦时，加权平均为0.29元/千瓦时，低于世界平均电价0.4元/千瓦时。

②新能源各类电价比较分析。主要对上网电价、度电成本和投资成本进行比较分析。

第一，上网电价比较。2018年国家发改委进一步调低了光伏电站的标杆上网电价，Ⅰ类、Ⅱ类、Ⅲ类资源区标杆上网电价分别调整为每千瓦时0.55元、0.65元、0.75元（含税）。[①] 国家补贴进一步降低，以宁夏、北京和广东代表的Ⅰ类、Ⅱ类、Ⅲ类资源区的脱硫标杆电价计算，国家补贴分别为0.2905元/千瓦时、0.2985元/千瓦时和0.2995元/千瓦时。

陆上风力发电的Ⅰ类、Ⅱ类、Ⅲ类和Ⅳ资源区标杆上网电价分别为0.4元/千瓦时、0.45元/千瓦时、0.49元/千瓦时和0.57元/千瓦时（含税）。国家补贴呈下降趋势，以内蒙古西部地区、云南、吉林和广东代表的Ⅰ类、Ⅱ类、Ⅲ类和Ⅳ资源区的脱硫标杆电价计算，国家补贴分别为0.1228元/千瓦时、0.1142元/千瓦时、0.1183元/千瓦时和0.1195元/千瓦时。

海上近海风电和潮间带风电上网标杆电价分别为0.8元/千瓦时和0.75元/千瓦时，以浙江作为脱硫标杆电价计算，国家补贴分别为0.3847元/千瓦时和0.3347元/千瓦时。

光热发电上网标杆电价分别为1.15元/千瓦时，以甘肃省作为脱硫标杆电价计算，国家补贴为0.8522元/千瓦时。

生物质能上网标杆电价分别为0.75元/千瓦时，以江苏省作为脱硫标杆电价计算，国家补贴为0.372元/千瓦时（详见表3-1）。

表3-1　　　　　　　　**2018年我国不同类型新能源上网电价对比**　　　　单位：元/千瓦时

种类	资源区	标杆电价	脱硫标杆电价	国家补贴
光伏地面电站发电、分布式光伏发电（全额上网）	Ⅰ	0.55	0.2595	0.2905
	Ⅱ	0.65	0.3515	0.2985
	Ⅲ	0.75	0.4505	0.2995
陆上风力发电	Ⅰ	0.40	0.2772	0.1228
	Ⅱ	0.45	0.3358	0.1142
	Ⅲ	0.49	0.3717	0.1183
	Ⅳ	0.57	0.4505	0.1195
海上风力发电	近海风电	0.80	0.4153	0.3847
	潮间带风电	0.75	0.4153	0.3347

① 资料来源：发改价格规〔2017〕2196号。

续表

种类	资源区	标杆电价	脱硫标杆电价	国家补贴
光热发电	—	1.15	0.2978	0.8522
生物质能	—	0.75	0.378	0.3720

资料来源：根据国家发改委、能源局网站整理得出，国家补贴通过国家可再生能源发展基金予以补贴。①

从表 3-1 可以看出，上网电价中，陆上风力发电的标杆电价最低，国家补贴也最少，约为 0.12 元/千瓦时；光伏发电的上网标杆电价次之，国家补贴约为 0.3 元/千瓦时；生物质能和海上风力发电紧排其后，国家补贴约为 0.38 元/千瓦时；第四为光热发电，国家补贴约为 0.8522 元/千瓦时。

第二，度电成本比较。2016 年，我国新能源种类中，除水电外，最便宜的是生物质能和陆上风电，加权平均分别为 0.28 元/千瓦时和 0.33 元/千瓦时，最贵的是海上风电，加权平均为 1.01 元/千瓦时（见表 3-2）。

表 3-2　　　　　　　　　　**2016 年我国新能源产业技术平准化度电成本**

新能源产业技术类型	成本(元/千瓦时)				新能源产业技术类型	成本(元/千瓦时)			
	最小值	最大值	加权平均	世界平均水平		最小值	最大值	加权平均	世界平均水平
生物质能	0.16	0.56	0.28	0.39	陆上风电	0.32	0.34	0.33	0.25
水电	0.16	0.57	0.15	0.32	海上风电	0.64	1.36	1.01	0.98
光伏发电	0.47	1.01	0.54	0.32					

资料来源：Renewables 2017 Global Status Report，单位已由美元换算成人民币，汇率：1 美元=6.327 人民币。

从表 3-2 可以看出，我国生物质能、水电的平准化度电成本优于世界平均水平，光伏发电和风电上与世界平均水平还有差距。

第三，投资成本比较。2016 年我国各类新能源产业投资中，海上风电和光热发电投资成本最大，加权平均价格分别达 21357 元/千瓦和 20810 元/千瓦。投资成本最低的是光

---

① 注：上网电价在当地燃煤机组标杆上网电价(含脱硫、脱硝、除尘电价)以内的部分，由当地省级电网结算；高出部分通过国家可再生能源发展基金予以补贴。光伏脱硫标杆电价，Ⅰ类资源区参照宁夏，Ⅱ类资源区参照北京，Ⅲ类资源区参照广东。陆上风电脱硫标杆电价，Ⅰ类资源区参照内蒙古蒙西地区，Ⅱ类资源区参照云南，Ⅲ类资源区参照吉林，Ⅳ类资源区参照广东。海上风电脱硫标杆电价参照浙江。光热发电脱硫标杆电价参照甘肃省，生物质能发电脱硫标杆电价参照江苏省。

伏发电和陆上风电，加权平均价分别为 7502 元/千瓦和 8618 元/千瓦(如表 3-3 所示)。

表 3-3 **2016 年中国新能源产业技术投资成本**

新能源产业技术类型	投资成本(元/千瓦)			新能源产业技术类型	投资成本(元/千瓦)		
	最小值	最大值	加权平均		最小值	最大值	加权平均
生物质能	3755	42132	8417	光热发电	17665	54034	20810
地能发电	10398	67348	13460	陆上风电	8077	9795	8618
水电	6727	17880	8819	海上风电	13093	29497	21357
光伏发电	7080	13529	7502				

资料来源：www.ren21.com. Renewables 2017 Global Status Report，单位已由美元换算成人民币，汇率：1 美元 = 6.327 人民币。

③度电成本影响因素分析

据陈荣荣、孙韵琳(2015)[①]关于度电成本的计算方法：

$$LCOE = \frac{I_0 - \dfrac{V_R}{(1+i)^n} + \sum_{n=1}^{25} \dfrac{A_n + D_n + P_n}{(1+i)^n}}{\sum_{n=1}^{25} \dfrac{Y_n}{(1+i)^n}}$$

I_0 表示项目初始投资，A_n 表示第 n 年的运营成本，V_R 表示固定资产残值，P_n 表示第 n 年的利息，i 表示折现率，Y_n 表示第 n 年的发电量，D_n 表示第 n 年的折旧。该公式考虑了资金的时间价值，用折现率 i 将不同时间的成本都折成现值，也考虑了不同时间的发电量带来的现金流，即对发电量进行折现。

从以上可以看出，度电成本影响因素主要有 6 个，分别为固定资产残值 V_R、第 n 年的运营成本 A_n、第 n 年的折旧 D_n、项目初始投资 I_0、第 n 年的利息 P_n 和第 n 年的发电量 Y_n。由于 V_R、A_n、D_n 基本按比例提取，变化较小，变化较大的因素主要有 3 个，即 I_0、P_n 和 Y_n。根据王淑娟(2017)[②]案例测算，各因素对度电成本影响因素结果如表 3-4 所示。

表 3-4 **度电成本影响因素分析**

发电量	初始投资
发电量减少 10%，度电成本增加 11.2%； 发电量减少 20%，度电成本增加 25.4%； 发电量减少 30%，度电成本增加 49.9%。	初始投资下降 10%，度电成本下降 8%； 初始投资下降 20%，度电成本下降 17%； 投资初始下降 30%，度电成本下降 25%。

---

① 陈荣荣，孙韵琳，陈思铭，等. 并网光伏发电项目的 LCOE 分析[J]. 可再生能源，2015(5).
② 王淑娟. 从度电成本分析光伏的平价上网[J]. 智汇光伏，2017.

贷款利率 贷款利率每增加 1%，度电成本将上升 3.6% ~ 10%，资源差的地区利率对度电成本更敏感。	其他因素 系统效率降低 5%，度电成本增加 6% ~ 13.5%；组件衰减效率每年快 0.1%，度电成本增加 1.2% ~ 2.1%，资源差地区

根据王淑娟（2017）分析可知，发电量对度电成本影响最大，其他影响因素包括：初始投资、贷款利率、系统效率和组件衰减效率。因此提高发电量、降低初始投资成本与贷款利率、提高系统运行效率和减少组件衰减效率，可以降低度电成本。

④火电的度电环境成本。火电的度电成本忽视了对环境的破坏，发电过程中会排放二氧化硫（SO_2）、氮氧化物（NO_x）、二氧化碳（CO_2）和粉尘。虽然空气中的污染物不全是火电造成的，但其占的比例较大。根据徐薇莉（2014）利用"影子成本法"测算火电的度电环境成本[1]，见表 3-5。

表 3-5　　　　　　　　　　　火电度电环境成本　　　　　　　　（单位：元/千瓦时）

污染物	SO_2	NO_x	CO_2	粉尘	合计
度电环境成本	0.1795	0.0366	0.1865	0.1065	0.5091

资料来源：徐蔚莉，李亚楠，王华君. 燃煤火电与风电完全成本比较分析[J]. 风能，2014（6）.

从表 3-5 可以看出，火电发电的度电环境成本合计为 0.5091 元/千瓦时，即火电的隐形环境补贴为 0.5091 元/千瓦时，如果将火电度电成本考虑进去，光伏和风电已实现平价上网了。

3.3　我国新能源产业投资存在的问题

3.3.1　投资规划不细致，监管不到位

（1）投资规划重宏观，轻微观

2015 年 11 月 30 日，国家主席习近平在"巴黎气候大会"发表的《携手构建合作共赢、公平合理的气候变化治理机制》讲话中指出，中国将于 2030 年左右使二氧化碳排放达到峰值并争取尽早实现，2030 年单位国内生产总值的二氧化碳排放量比 2005 年下降 60% ~ 65%，非化石能源占一次能源消费比重达到 20% 左右。为实现该目标，国家制定了可再生

---

[1]　徐蔚莉，李亚楠，王华君. 燃煤火电与风电完全成本比较分析[J]. 风能，2014（6）.

能源"十三五"发展规划和《能源发展战略行动计划》。《能源发展战略行动计划》从能源安全、能源清洁利用、能源体制改革等多方面提出了未来能源的发展路径,并提出一系列约束性指标。

虽然制定了长远目标,但是未制定实施该目标的具体措施。如在可再生能源"十三五"发展规划中,到 2020 年,水电、风电、太阳能、生物质能等各类新能源和可再生能源产业投资达到 2.5 万亿元,其中水电投资约 5000 亿元,风电投资约 7000 亿元,太阳能光伏发电投资约 1 万亿元,其他新能源投资 3000 亿元。[①] 这些数据大多来自估计,没有通过系统方法进行微观测算,缺乏具体可操作的办法,如缺乏制定投资实施主体、投资路径、投资技术、投资结构分布等相关内容。因此,需对新能源产业投资进行宏观指导和微观论证,才能避免投资混乱、抢项目和抢资源的现象,以免资源浪费。

(2)投资监管出现"缺位"

在"政治业绩"和"GDP 增长"的双重考核压力下,一些地方政府为解决招商引资的业绩考核压力,采取融资补贴、厂房免租金、税收再返还等优惠政策,吸引新能源项目落地,出现"抢项目、抢资源"现象,造成新能源项目重复建设。根据各省制定的新能源产业发展规划,各省总规划投资规模已超过国家规划投资规模,造成全国产能过剩,而地方政府又缺乏沟通机制和部门监管,造成地方政府投资出现监管"缺位"。

(3)投资规划出现"基础负荷"误区

由于新能源电力的波动性较大,一直以来,认为需要化石能源作为"基础负荷"能源来保证新能源的使用,"基础负荷"能源的投资也成为新能源产业投资的必备环节。随着电网能源供需的灵活管理,没有化石能源和核电作为"基本负荷"的能源电网运行模式被证明是可行的。2016 年,丹麦和德国成功并网运行新能源电力峰值分别达到 140% 和86.3%。葡萄牙、爱尔兰和塞浦路斯等国,也在无储能设备的情况下,逐步实现每年并网来自 20%~30% 的新能源电力,其中关键因素是他们的电力系统具有最大化的灵活性。[②]电网灵活管理措施包括缩短交易时间、灵活匹配供需、建立电网互联、应用自动化技术和跨部门协调管理(如利用太阳能光伏发电和风力发电给电动汽车充电)等。

3.3.2　投资结构不均衡,资金成本高

(1)投资结构不均衡

2016 年,我国光伏和陆上风电投资金额分别为 399 亿美元和 350 亿美元,占当年新能源产业投资比例分别为 50.96% 和 44.69%,两项合计占 95.65%。其他新能源产业投资

---

① 可再生能源"十三五"发展规划。

② 资料来源:www.ren21.com. Renewables 2017 Global Status Report.

不足，仅为 4.35%，如海上风电投资严重不足。据资料①显示，我国 5 米~25 米水深、50 米高度海上风电开发潜力约 2 亿千瓦，5 米~50 米水深、70 米高度海上风电开发潜力约 5 亿千瓦。截至 2016 年底，我国海上风电累计转机容量只有 148 万千瓦，进展缓慢，海上风资源主要靠近广东、浙江、江苏、上海、天津等沿海经济发达地区，可就近消纳，不存在弃风现象。目前，新能源产业投资重点在电力应用市场，忽视了在交通、制冷和制热等部门的应用市场。交通运输、供热和制冷行业的投资也远落后于可再生能源在电力部门的投资。

（2）资产性投融资比例过重

2015 年和 2016 年我国资产性投融资分别为 919 亿美元和 729 亿美元，占总投资比例分别为 93% 和 93.1%。我国小规模工程投资不足，2015 年和 2016 年小型光伏工程项目②投资分别为 26.5 亿美元和 35 亿美元，占世界小型光伏工程的比例分别为 4.7% 和 8.8%。③

（3）间接融资比例过大，资金成本高

截至 2016 年 6 月底，我国国内 21 家金融机构的新能源产业和可再生能源贷款余额为 1.47 万亿元，2013 年和 2014 年分别为 5504.5 亿元和 6868.68 亿元。④ 2016 年全球股权投资（含私募和风投）金额为 33 亿美元，其中美国 23 亿美元，超过全球总投资的三分之二。2016 年我国并购交易达 44 亿美元，仅占全球并购交易的 3.96%，说明我国新能源产业投资在资本市场交易不活跃。造成我国光伏和风电投资成本高的原因主要是资金成本高，2016 年全世界所有主要发达国家基准利率都在 2% 以下，欧洲实行零利率，瑞典、丹麦、瑞士和日本实行零利率，这些低利率成本优势助推了新能源发电成本的下降，而我国融资成本基本为 6%~8%，远远高于其他国家。

截至 2016 年底，国家开发银行累计向水电项目发放贷款 4454 亿元，核电项目贷款 2957 亿元。国家开发银行累计支持风电装机量 4340 万千瓦，太阳能发电装机容量 1402 万千瓦，按照风电和太阳能投资成本分别为 1244 美元/千瓦和 1083 美元/千瓦测算，累计支持风电和太阳能发电贷款为 539.9 亿美元和 151.84 亿美元。⑤

（4）新能源电网投资不足

新能源电网投资不足主要体现在两方面。一是新能源并网调峰系统投资不足。由于新

---

① 可再生能源"十三五"发展规划。
② 大型项目是指 1MW 以上的新能源产业投资建设工程，小型工程项目是 1MW 以下的小型新能源产业投资建设工程。
③ 资料来源：Renewables 2017 Global Status Report.
④ 数据来源：中国银监会年报。
⑤ 数据来源：2017 年国家开发银行社会责任报告。

能源发电具有间歇性、波动性等特征，新能源电力大规模并网对电网的稳定性、连续性和可调节性造成冲击，因此电网对电力系统调峰能力提出了很高要求。重点区域参与调峰的积极性也不高，如新疆、内蒙古等地区大量自备电厂不参与系统调峰，东北、华北为了满足冬季的供热需求，采暖期供热机组"以热定电"运行，也压缩了机组调峰空间。二是电源调节系统建设投资不足。作为全国新能源资源集中的"三北"地区(华北、东北、西北)，灵活调节电源结构单一，以煤电机组为主，该区域的抽水蓄能、燃气电站等灵活调节电源比重不足4%。虽然"三北"地区新能源装机容量占全国比例为67.4%，但由于电网和调节电源建设项目核准滞后于新能源产业发展项目，投资缓慢，造成富集地区的新能源电力在跨省和跨区的运输通道阻塞，约束了新能源消纳。

(5)企业研发资金不足

2016年我国新能源产业研发投入20亿美元，其中政府研发投资19亿美元，企业研发投入仅有1亿美元。[①]

3.3.3 投资重国有企业，轻民营企业

我国新能源产业投资主体中，国有企业是主要的力量，包括电网公司(国家电网、华北电网、南方电网)、五大发电企业(华能、大唐、华电、中电投、华电)、三大石油公司(中石油、中石化、中海油)，以及一些中央企业，如神华集团、广核集团、长江电力等。电网公司主要负责下游电网的投资，五大发电企业主要负责新能源中游产业投资，并占全部新能源产业投资的75%。

截至2016年底，我国风电累计装机容量达16873万千瓦，其中国电集团、华能集团等11家国有企业占69.4%。[②] 由于民营企业在市场、资本和技术上不占优势，导致融资难，大部分为自有资金，使得民营企业难以全面参与上下游产业。民营企业往往以股权投资参与新能源市场，2016年我国新能源产业股权投资(含私募和风投)仅为174.06亿元，占当年总投资的3.4%，主要参与新能源上游的稀土和硅料生产、光伏组件生产、切割制造设备等市场门槛低的领域，且市场份额不大，而国有企业依靠融资、技术优势，对民营企业形成挤出效应。

3.3.4 投资机制不健全，缺绩效评价

(1)投资补偿机制不健全

我国新能源投资补偿机制不健全。一是补贴比例不合理。化石燃料的补贴降低了化石

---

① 资料来源：Renewables 2017 Global Status Report.

② 资料来源：中国可再生能源学会，11家国有企业包括：国电集团、华能集团、大唐集团、华电集团、国电投、中广核、国华、华润集团、天润、中国电建。

能源的价格，也阻碍了新能源产业的发展。2016 年，化石燃料补贴与新能源补贴比例为 4：1。换言之，每 1 美元用于新能源产业，政府就会花费 4 美元来补贴化石燃料，变向扭曲了能源市场的发展。二是投资补贴不均衡。现有的投资补贴主要集中在新能源产品生产和工程安装上，造成重生产补贴而轻消费补贴的现象。在完成装机后，部分地区新能源电站仍处于停工阶段，即使发电也无法并网消纳。

（2）投资风险机制不完善

我国投资风险机制不完善主要包括两个方面：一是技术进步带来的风险。新能源技术的突破具有不确定性，随着工艺更新、技术进步和规模投资效应，短时间可能出现重大的技术改变，而新能源项目建设具有一定周期，将面临技术进步带来的风险，包括设备折旧更新风险和技术改造风险等。二是市场风险。从项目投资到产品销售时间为 3~4 年，由于市场不确定性，如国际市场的"反倾销"和"反补贴"调查，耗费时间较长，加上公众对产品认知和接受需要一定的时间和过程，因此市场因素也是导致投资风险的因素之一。

（3）投资政策不稳定

2001—2016 年，我国新能源产业管理部门先后出台了 109 项关于新能源产业发展的政策。2012—2016 年出台了 72 项政策，涉及国务院、发改委、能源局、国土局、税务局、工信部等多个部门，没有统一的标准，各个部门出台的政策有时出现冲突和矛盾，影响新能源产业投资者的积极性，不利于新能源产业健康有序发展。在新能源补贴政策上，补贴政策先后经过多次调整和修改，造成投资者对未来投资政策不可预测和信息不足。因此，新能源产业投资政策不稳定也影响新能源产业发展。

（4）投资绩效评价机制缺乏

我国在新能源产业规划和投资方面做了大量工作，但没有形成一套相对完善的评价体系，未能发挥相应的导向作用。例如，在每年各省份政府和新能源企业的考核时，考核指标往往采取装机容量来衡量，缺乏新能源的应用、发电量、投资效率和效应等指标。由于新能源产业发展涉及投资的经济性、社会效益和能源安全等多方面，因此评价体系应是一个相对复杂的综合指标，既要考虑投入产出效率，也要考虑对社会和环境的综合效应。

3.3.5 投资国际合作少，竞争力不足

我国在国际能源合作中仍处于起步阶段，规模较小，深度不够，合作范围也不大，尤其是在一些重要的技术转让、国际组织资金分配上缺乏实质性合作，例如在国际能源署（IEA）、全球可再生能源机构（IRENA）和国际清洁能源机制（CDM）等机构组织合作中，我国缺乏"话语权"，甚至被西方国家称为"能源威胁者"，其原因是我国在国际组织中不是规则制定者，而更多的是义务承担者和被动接受者。

与传统化石能源相比，新能源产业投资成本较高。自 2012 年后，我国新能源投资金

额居全球第一，但国际合作较少，尤其是利用国际资金发展新能源产业的比例更少。2009—2016 年，世界银行、亚太开发银行、欧洲复兴开发银行、欧洲投资银行、国际金融公司等 18 家金融机构累计为新能源产业市场提供 1476.28 亿美元金融支持。我国累计利用国际金融机构金额为 21.55 亿美元，占比 1.46%，而法国、土耳其、印度、巴基斯坦、英国和巴西累计利用国际金融机构金额分别为 1.95%、1.64%、4.81%、2.88%、5.68% 和 32.34%，[①] 如图 3-13 所示。

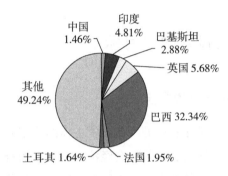

图 3-13　世界各国利用国际金融机构融资比例

因此，要成为未来国际组织参与者、改革者和规则制定者，就必须加快融入国际能源市场，与"一带一路"沿线国家开展能源投资和贸易，展开能源技术合作，提高国际竞争力。

3.3.6　投资重工程建设，轻终端应用

2017 年，全国弃风电量 419 亿千瓦时，弃风率 12%，弃光电量 73 亿千瓦时，弃光率 6%，两者合计约 492 亿千瓦时。2017 年，我国发电量最高的三峡水电站发电为 976.05 亿千瓦时，换言之，2017 年废弃的风电和光伏发电量相当于三峡电站半年生产的电量。可见，我国新能源产业投资重工程建设，轻终端应用，造成产品开发市场与产品销售市场的"错配"，部分地区消纳空间不足，呈现"体制性"过剩。

我国新能源产业装机主要省份分布在内蒙古、甘肃和新疆，而电力消耗省份主要是广东、浙江、江苏、上海等经济发达地区，造成能源生产和消费出现"错配"现象，其原因主要有：一是能源电力生产地电力需求低，消纳能力有限；二是由于传统化石能源集团利益的垄断，阻塞了跨区域电力输送通道；三是新能源利用效率不高，出现"重建设、轻利用"的情况。

---

① 资料来源：International Renewable Energy Agency.

4 我国新能源产业投资战略研究

4.1 我国新能源产业投资战略目标

4.1.1 我国新能源产业产权的界定

新能源产业产权的界定有利于新能源产业投资主体的确定。能源作为自然界存在的资源，在我国，其所有权归国家所有，也是社会经济发展所需的资源。根据我国自然资源权属主体划分，分为国家所有、集体所有和个人所有。所有权又分为占有、使用、收益和处分四种权能。新能源的利用包括对风资源、水资源、太阳能、生物质能等能源的利用，这些资源所用权均归国家所有，但这些资源的使用和处置全部由国家掌握是不合理的，由此产生了资源占有、使用、收益和处分权利的分离。权属分离和界定是新能源产业投资的关键。

国家享有自然资源的占有权，通过授权、委托转让等形式，将资源的开发、利用的权利给予国有单位或私人投资者，并享有转让的收入或获取征税的权利。国家占有权的地位决定了其在新能源产业投资建设中的责任，其主要负责规划制定、体制建设、市场准入、引导投资、价格机制和绩效评价等工作。资源开发利用的处分和收益权不能由国家独享，政府的作用在于弥补市场失灵部分，即通过立法、制度、价格等手段杜绝免费"搭车"现象，为私人投资者在公共领域投资创造有利条件。公共产品的投资和生产需引入私人投资者，以提高效率。私人投资者通过代理身份进行生产，将产品提供给消费者，并获得收益，担任处置和收益权人的角色。因此，对新能源产业产权界定有利于确定新能源投资主体问题，有助于解决政府和私人投资者的合作关系。

4.1.2 我国新能源产业投资主体的确定

我们通过对新能源产业产权的界定，确定了新能源投资主体可以是政府部门，也可以通过授权转让给私人投资者。目前，在我国新能源产业投资主体中，有政府部门（包括中央政府、地方政府）、企业部门（包括国有企业和民营企业）和公众部门（包括私人投资者，投资银行、基金、风险投资和私募投资等金融机构）。

4.1.3 我国新能源产业投资主体目标

（1）政府部门目标

按照新能源产业发展规划，地方政府需要完成一定的新能源发电并网指标和能源安全等目标，他们是中央政府在一个地区的行政代理人，具有"政治人"身份，也是地方政府经济利益的代表，具有"经济人"身份。因此，我国新能源产业投资宏观目标也包括两个方面，即政治目标和经济目标。

政治目标：地方政府作为"政治人"角色，要完成中央政府的各项任务，行使各项行政权力，追求政绩最大化的目标。中央权力的下放，确保了地方政府在区域创新活动中得到充分的财权和事权。通过制定合理的产业发展政策，进行有效的体制机制改革，激活地方经济发展，完成地方政府的各项政治目标。

经济目标：地方政府作为"经济人"角色，要完成地方经济发展的各项指标和任务，如 GDP、就业、招商引资、科技发展和财政收入等。完成各项指标成为地方政府的重要工作，如通过招商引资引进发展潜力大、科技含量高和环境友好的产业落户地方发展。

新能源产业投资主体的多样化，造成新能源产业投资具有"二重"目标。地方政府既要完成中央政府的"政治目标"，如环境保护和能源安全等；还要考虑地方发展的"经济目标"，如经济发展、促进就业和财政收入等。因此，地方政府引进新能源产业，既有带动经济增长和促进就业的需求，也有保持经济可持续发展和增加能源经济安全的考虑。

（2）企业部门目标

新能源产业投资既是国家的一项经济活动，也是一个国家的基础产业，做大做强需要企业家来投资。新能源企业是新能源产业的载体，企业的发展规模与盈利情况决定该产业的发展水平，也影响着该产业的兴衰。我国新能源企业主要有国有企业和民营企业。国有企业主要有中国电力投资集团公司、中国大唐集团公司、中国海洋石油公司、中国华能集团公司等；民营企业主要有新疆金风科技股份有限公司、英利绿色能源控股有限公司、苏州阿特斯阳光电力科技有限公司、晶澳太阳能光伏科技有限公司、保利协鑫能源控股有限公司等。国有企业是我国新能源产业投资的主力军，国有企业通过发挥其自身资金、技术和管理优势，推动我国新能源产业发展。民营企业是我国新能源产业投资的生力军，民营企业利用自身的灵活性和市场化运作为我国新能源产业发展贡献力量。

我国的国有企业投资新能源产业目标具有"强制性"，主要是为了完成"业绩考核"。根据 2007 年《可再生能源中长期规划》，到 2010 年国有企业装机容量超过 500 万千瓦的发电企业，新能源发电配额达到 3%，2020 年要达到 8%。民营企业投资新能源主要是追求利润，增强行业竞争力。

（3）公众部门目标

公众部门主要是指新能源产品的消费者，国内消费不足主要是公众对新能源的消费意识不够、认可度不高、参与度不足造成的，如果没有公众参与，就难以形成稳定的消费市场。公众部门参与新能源产业的投资者主要有私人投资者和间接投资者。私人投资者主要是个人消费者，如太阳能屋顶的安装家庭、使用新能源产品的环保爱好者，私人投资者的目标主要是节约生活成本和倡导环保节能。间接投资者主要是为新能源产业投资提供服务的群体和机构，如提供绿色贷款的金融机构、新能源产业的股权投资者等，如 2010 年中国人民银行为响应国家号召，为新能源产业企业提供融资服务，出台绿色信贷制度，要求银行金融机构开展绿色信贷活动，进行分项指标统计，并对各银行进行考核。基金、风险投资和私募投资者主要是在资本市场为新能源企业提供直接融资服务，间接投资者更多的是考虑经济利益和绿色环保两个方面。

4.2 构建我国新能源产业投资的战略要素

4.2.1 我国新能源产业投资的战略演化过程

我国新能源产业投资战略先后经历石油危机、气候变化、金融危机、技术领先等历程。

(1) 石油危机带来的能源安全目标

20 世纪 70—80 年代，为应对石油危机，新能源产业投资的目的是保证能源军事安全和作为化石能源的补充。

(2) 气候变化带来的碳减少目标

到 20 世纪 90 年代，随着 1992 年《联合国气候变化框架公约》的通过和 1997 年《京都议定书》的签订，国际社会已形成较为成熟的全球气候治理制度和体系，新能源产业投资主要是减少碳排放以应对气候变化的重要手段。

(3) 金融危机带来的经济增长目标

进入 21 世纪，尤其是 2008 年全球金融危机的爆发，新能源产业投资成为恢复经济、拉动经济增长的引擎。

(4) 技术领先提高国家产业竞争力目标

2015 年各缔约国签订《巴黎协议》，加速了世界各国能源转型。在新的全球环境规则下，各国需根据自身发展空间和碳排放容量，合理安排经济和能源转型路径。为履行《巴黎协议》关于碳排放减少和改变气候变化的义务，世界各国和地区将新能源产业作为引领产业和主导产业。一方面作为履行碳排放减少的首选产业，另一方面作为提高国际产业竞争力的一个途径。虽然欧美等发达国家的新能源技术暂居于全球领先地位，但是我国新能源产业的发展速度和规模给世界各国带来紧迫感。因此，加大新能源产业投资是实现新能源产业技术领先、提高世界各国产业竞争力和减少碳排放的重要途径。

从上述战略演变过程可以看出，新能源产业投资的宏观经济目标从最初的"保障能源安全、减缓气候变化、复苏经济增长"，逐步演变为"以新能源产业技术领先和提高国家产业竞争力"。因此，我国新能源产业投资的战略定位为：实现新能源产业技术领先和提高国家产业竞争力，同时承担保障我国经济增长、促进就业、实现经济可持续发展和能源经济安全的使命。

新能源已经从最初的能源供应安全的被动防御性战略演变为包括经济增长、经济可持续发展和经济安全的综合性能源战略（如图4-1所示）。

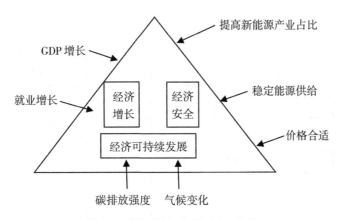

图4-1　新能源产业投资战略目标

经济可持续发展包括碳排放强度和气候变化。经济安全实际是指能源经济安全，包括提高新能源消费占比、提供稳定的能源供给和合适的能源价格。

4.2.2　我国新能源产业投资的战略要素分析

从我国新能源产业投资战略的演化路径和新能源产业的属性来看，我国新能源产业投资具备"战略性""新兴性""知识技术密集""经济内生增长引擎""节能环保""可持续性"等特征。当前新能源产业作为"安全低碳""新经济""可持续"的代名词，具有较好的宏观经济效应，因此新能源产业投资的战略要素至少包括四个方面：经济增长效应、就业增长效应、经济可持续发展和能源经济安全效应。

（1）经济增长效应

对投资与经济增长关系的研究有以下五个流派：以亚当·斯密和李嘉图为代表的古典

经济学的理论、以哈罗德-多马模型为代表的凯恩斯主义理论、以索洛(1957)①为代表的新古典经济学理论、以卡尔多夫为代表的新剑桥学派理论和以马克思主义的经济学理论。以上几种流派都强调资本投资对经济增长的重要作用。但在不同时期，投资的重要性有较大差别。索洛(1950)分析得出美国经济增长的80%归于技术进步，20%归于资本和劳动力增加，并强调技术进步在经济增长中起决定因素。斯科特(1981)对英、美等国经济增长进行分析，发现资本的贡献率为74%，认为资本投资在经济增长中起决定因素。D. W. 乔根森(1980)总结了美国1948—1979年的经济增长因素，发现投资对经济增长的贡献为46%。尽管不同学者测算的投资对经济增长的贡献有差异，但至少不否认投资对经济增长的促进作用。

一方面，新能源产业作为各国拉动经济增长的"引擎"，研究投资对经济的拉动效应具有重要作用；另一方面，新能源产业具有"战略性""新兴性""低碳性"等特征，也是我国经济发展的重要战略产业。新能源产业投资与经济增长的关系如图4-2所示。

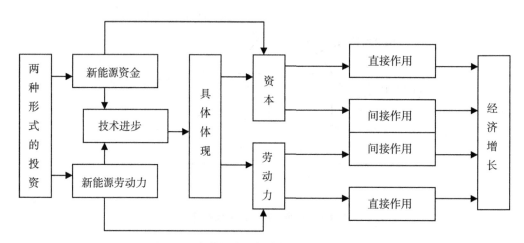

图4-2　新能源产业投资与经济增长的关系

(2)就业增长效应

新能源产业投资的战略构成要素之一是就业增长效应。直接用投资指标测算就业增长效应的文献较少，一般用投资指标测算技术进步效应，再用技术进步指标去分析就业增长效应。早在18世纪中后期，古典经济学家就开始关注技术进步对就业的效应，如李嘉图认为技术进步具有"双刃剑"的作用，促进就业的同时也会造成结构性失业。目前有两种不同的观点，一是技术进步对于就业的"创造效应"，二是技术进步对于就业的"破坏效应"。

---

① R. Solow. A contribution to the theory of ecomoc growth [J]. Quarterly Journal of Economics, 1956 (70), 65-94.

①技术进步的"创造效应"。技术进步将带来"创造效应"，新能源产业的发展会结合传统产业，继而产生新的相关产业，并创造新的就业机会，持有该观点的有杨震宇、史占中(2015)，李阁峰、佟仁城和许健（2005）以及黎春秋和熊勇清（2011）。Pissarides（1990）、Vivarelli（1995）和 Petit（1995）认为技术进步对就业有促进作用，将带来新的就业岗位。Del Rio（2001）研究资本和劳动的替代，认为技术进步将导致利率上升，企业在生产中将使用更多的人员，从而增加就业。Bharat（2003）分析美国技术进步的影响，认为美国的技术进步大大增加了就业人数。陈泽聪（2011）分析了技术对就业短期和长期的影响，认为短期内对就业有挤出效应，长期将创造更多的就业。

②技术进步的"破坏效应"。戴维迪顿和彼得·偌兰(1993)、道格拉斯·琼斯(1983)、Aghion & Howitt（1994）证明了技术进步对就业的负向冲击效应，技术进步将增加失业。Caballero & Hammour（1996）、Juhn et al.（1993）以及 Agenor & Aizenman（2008）等学者研究证实了"技术性失业"的存在，认为技术进步使得资本和劳动之间的替代关系不断增强。Zeng et al.（2010）和 Cecobelli et al.（2012）认为技术进步与技术效率的改进将使全要素生产率大大增加，从而促进经济的快速增长，同时技术进步会使劳动生产率大大提高，从而减少劳动力的需求。

关于新能源产业投资产生的就业效应是"创造效应"多还是"破坏效应"多？我们将从理论和实践去分析和证实。

(3)经济可持续发展

我国新能源产业投资的战略构成要素之一是保障经济可持续发展。经济可持续发展是指既满足当代人的需求，又不损害后代人的需求。石油、煤炭等化石能源的形成需要上亿年，如果我们不节约使用的话，短时间会消耗掉。影响经济可持续发展的因素主要有：第一，化石能源是可耗竭能源。任何地区的石油产量都会有最高点，达到最高点后，该地区的石油产量将下降。从理论上来讲，石油勘探的发现量会越来越少，直至为零。由于石油勘探和开采的高成本特性，当边际收益低于边际成本时，石油生产会停止，这个最高点被称为哈伯特顶点。在化石能源逐步耗竭的同时，自然界提供了丰富的、多种多样的新能源。长期以来，人类社会因为缺少必要的技术无法有效利用这些丰富的新能源，但随着技术的进步，新能源得以开发和利用，保障了我国经济可持续发展。第二，传统能源的环境成本高。传统化石能源的消费会带来负外部性，当前的能源价格消费不包括环境成本，不能正确反映能源价格，导致市场扭曲。长此以往，将会加速能源的消耗，影响经济可持续发展。

因此，在新能源产业投资战略定位时，需将与经济可持续发展的影响因素考虑进去。

(4)能源经济安全

我国新能源产业投资的一个重要因素就是保证能源安全。在两次世界大战时期，能源安全主要体现在军事安全上。自 1973 年两次石油危机之后，人们改变了对能源安全的认知，能源安全逐步跳出了狭义的军事安全概念，逐步向经济、政治、外交等领域扩散。如约瑟夫·奈在 20 世纪 80 年代出版的《能源与安全》中认为能源不仅影响经济安全，对政治、外交和军事等方面都有威胁。通过这些著作和本书分析，能源安全包括能源经济安全、军事安全、政治安全和外交安全。本书主要研究能源的经济安全，能源的经济安全包括四个方面的内容：能源供需平衡、能源价格稳定、能源可得性和能源的使用安全。具体如下：

第一，能源供需平衡。对于一个国家来说，能源的供需平衡对国家能源安全的作用至关重要。比如一个国家的能源对外依赖度较高，当外来能源供给受到阻碍时，能源供给不能满足能源需求，那么这个国家的社会和经济发展将受限。

第二，能源价格稳定。能源价格稳定对保障一个国家的生活和生产有重要作用。20 世纪 70 年代两次石油危机，欧佩克(OPEC)国家提价限产，造成世界多国经济出现衰退，居民生活受影响。

第三，能源的可得性。能源的可得性是指能源的消费距离，石油等化石能源消费需要从资源的开采地运输到消费地，如果运输途径被控制住，就会影响能源安全。如中东石油的运输需要通过"世界石油运输的咽喉"，包括霍尔木兹海峡、马六甲海峡、苏伊士运河、曼德海峡、土耳其海峡和巴拿马运河。

第四，能源的使用安全。能源的使用安全是指能源的消费和使用对生态环境不构成重大威胁。化石能源消费会产生大量的碳排放，加剧全球气候变暖。

2006 年 7 月，我国在 G8 峰会上首次提出并倡导中国新能源安全观，能源安全观念进一步升华，意义重大。

从上述可知，新能源产业符合能源经济安全的四项内容。第一，世界各国新能源资源丰富，对其开发与利用提高了本国的能源供给，减少了能源进口的依赖度，为本国能源需求提供持续的能源供给。第二，随着新能源的大量开发与应用，能源的供给量得到大大提升，从而保障能源价格维持在稳定、合理的范围内。第三，新能源如太阳能，可就近获得，无需长途运输，尤其是分布式新能源，可实现自给自足。第四，新能源使用可大大减少碳排放，不对生态环境构成威胁。

因此，本书的新能源产业具有上述四个层次的含义，既保证了国家能源战略需求，又可作为产业发展拉动经济增长、满足就业增加和环境保护的要求，是战略性新兴产业的重要组成部分。

4.3 我国新能源产业投资战略的路径选择

4.3.1 我国新能源产业投资阶段分析

根据新能源产业特点，我国新能源产业投资分为四个阶段，分别为规划投资目标、建立投资体制、作出投资决策和检验投资效应。

(1)规划投资目标

新能源产业投资必须符合新能源产业规划,我国新能源产业发展起步于 1990 年。此后,每个"五年"规划都制定相应的规划和目标,各级地方政府和投资者按相应规划和目标推进。同时投资规划受政策法规、国际环境、社会环境和资源禀赋等因素的影响(如图 4-3 所示)。

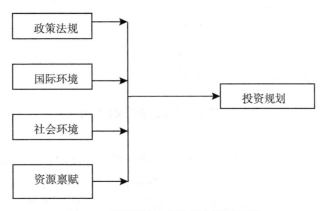

图 4-3 新能源产业投资规划影响因素

①政策法规。1995 年我国制定的《1996—2010 年新能源产业和可再生能源发展纲要》和 1998 实施的《中华人民共和国节约能源法》中明确提出"国家鼓励开发利用新能源产业和可再生能源"。相关政策法规对新能源产业提出了相应的目标和规划,并在每个五年计划中提出了具体要求,如"十三五"中制定了"到 2020 年我国新能源产业和可再生能源消费占一次能源消费量的 15%"。

②国际环境。各缔约国在巴黎气候大会签订的《巴黎协议》对我国新能源产业投资规划有着密切的影响。作为全球能源消费大国,有责任和义务减少碳排放,这对我国新能源产业投资提出了更高的要求。

③社会环境。我国经常出现气候变暖、酸雨和雾霾天气,这些因素将引起居民对环境改善的诉求。因此,我国居民对环保意识的态度、对新能源电力和产品的接受程度都会影响新能源产业投资规划。

④资源禀赋。由于地缘因素,我国新能源生产区域和消费区域存在不匹配现象,造成部分区域出现弃光、弃风现象。因此,我国新能源产业投资规划与区域发展、资源禀赋等因素紧密相关。

(2)建立投资体制

在完成新能源产业规划和目标后,需建立相应的投资体制。新能源产业投资需根据投资体制的不同进行更改,包括投资主体、投资内容、投资审批和投资机制等内容(如

图 4-4 所示)。

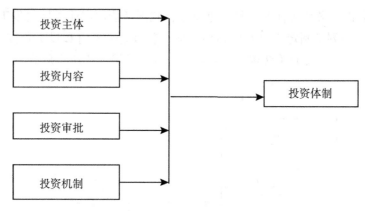

图 4-4　新能源产业投资体制影响因素

①投资主体。投资主体决定"谁投资"的问题。我国新能源产业投资主体主要有：国家和地方政府部门、国有企业、民营企业、金融机构、私人业主、非政府组织等。

②投资内容。投资内容决定"投哪里"的问题。我国的新能源产业投资方向，在不同的时期，投资侧重点不同，发展初期主要是大力发展中小水电，而随着风电和光伏成本下降，风电和光伏已成为当前的主要投资对象。

③投资审批。投资审批包括新能源产业投资立项、环评和补贴等内容。当前我国新能源产业投资审批部门包括国家发改委、科技部、工信部、交通部、能源局等。

④投资机制。投资机制是社会关于投资活动的各项经济制度的总称。合理的投资机制必须通过科学性和可行性的制度来保证，投资活动的社会机能和功效才能得到最大限度的发挥。因此，也将投资机制称为投资制度。

(3) 作出投资决策

在完成投资规划、投资目标和投资体制建设后，新能源产业投资主体需决策新能源产业投资。影响新能源产业投资决策的因素包括投资程序、融资方式、投资收益和风险分担机制等。这些因素决定了投资决策，投资决策再影响投资结构(如图 4-5 所示)。

①投资程序。我国对新能源项目的投资实行备案制和核准制。对于《目录》①内的投资实行核准制，其余实行备案制。核准制项目工程较大，投入资金较多，手续复杂，所需资料较多，一般由政府和国有企业来投资，如集中式光伏发电、大型风电场项目、光热集中式发电等项目。小型新能源项目一般由民营企业和私人来投资，如分布式屋顶项目、渔光互补、小水电、生物质能发电等。因此，投资程序的复杂程度对投资决策有重要影响。

---

① 该目录是指国家发改委每年发布的《政府核准的投资项目目录》。

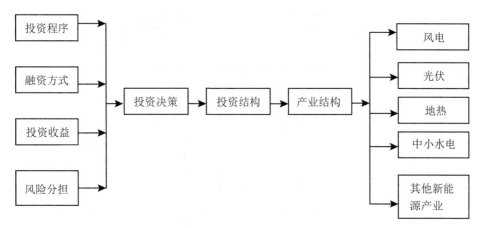

图 4-5 新能源产业投资决策路径图

②融资方式。新能源项目属于资金密集型,其投资需要大量的资金。政府和国有企业"背靠"政府信用,开发新能源项目较容易获得银行融资,而民营企业和私人投资者投资新能源资金主要来源于自有资金。因此,融资方式的难易程度对新能源产业投资决策产生影响。

③投资收益。由于新能源项目投资金额高和投资收益期长,民营企业和私人投资者难以接受,大部分新能源项目的投资来自政府和国有企业。民营企业和私人投资者投资集中在新能源产业链的中间环节,如提供机械设备、技术服务、设备安装等。因此,投资收益高低影响新能源产业投资主体的决策。

④风险分担。新能源产业投资补贴主要在新能源的应用阶段,如对新能源上网的度电补贴和工程补贴。对新能源产业上游补贴较少在一定程度上影响了新能源投资决策。

从上述分析可以看出,新能源投资决策受多种因素影响,投资决策进一步影响了投资结构。不同投资主体的投资结构和资金走向也不同,投资主体经过综合判断后,决定投资不同的新能源种类,如政府和国有企业倾向于投资大型集中式新能源,而民营企业和私人投资者倾向于投资分布式新能源。

(4)检验投资效应

在完成新能源产业投资后,其投资效率和效应如何,投资是否符合预期和目标,需要进一步去检验。由于能源属于特殊产品,是经济发展和居民生存的基础,其效应包括经济增长、新能源就业、经济可持续发展和能源经济安全等效应。为更好地分析投资效应,笔者首先对宏观投资效率进行综合测算,结合新能源产业投资特点,产出指标除了有传统经济增长指标外,还需加上新能源就业指标、经济可持续发展指标和能源经济安全指标(如图 4-6 所示)。

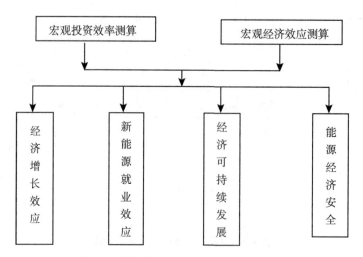

图 4-6　新能源产业宏观经济效应影响图

4.3.2　我国新能源产业投资战略的目标路径分析

从上一节分析可知，新能源产业投资对宏观经济效应传导路径分为四个阶段，分别是投资规划目标、建立投资体制、作出投资决策和检验投资效应，其影响路径图如图 4-7 所示。投资规划先于投资体制，作出投资规划后，建立相应的投资体制。同时投资决策受制于投资体制和投资规划，在投资完成后，需进行投资效应研究，投资效应结果会反馈投资规划，对投资规划进行修正，实行投资循环。

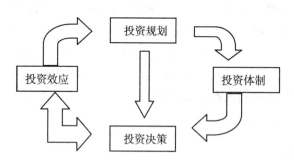

图 4-7　新能源产业投资宏观经济传导路径

（1）投资规划决定投资体制

2008 年金融危机之前，我国新能源产业发展缓慢，更多的是履行国际碳排放义务，是对传统能源的一种替代战略。在金融危机后，全球许多国家将新能源作为未来的替代能源，也是作为拉动经济增长、占领未来产业技术领先的重要手段。我国也将新能源产业规化作为能源替代和经济发展的"双引擎"，并由此建立相应的投资体制。因此，投资规划往往先于投资体制。

（2）投资规划和投资体制决定投资决策

投资规划和投资体制的建立影响新能源产业投资主体的决策。因为新能源产业投资补贴是根据投资规划制定，规划内的投资享有补贴，规划外的投资没有补贴。投资体制的建立决定了"谁可以投资"和"投资什么"的问题。因此，投资规划和投资体制决定了投资决策。

（3）投资决策决定投资效应

投资决策完成后，新能源项目的成功与否决定了新能源的投资效应，投资效应短期内的效果不明显，需建立监督和考评体系。

（4）投资效应反作用投资规划和投资决策

投资完成后，投资效率的高低、投资效应的好坏，以及社会对新能源项目的评价，会反作用于投资规划和投资决策。

因此，从以上分析可知，投资规划、投资体制、投资决策、投资效应在一定程度上相互影响，相互促进，共同推动新能源产业发展。

4.4　我国新能源产业投资战略的机理研究

根据我国新能源产业投资战略的要素构成，投资战略的机理研究分为投资与经济增长效应的机理分析、投资与就业增长效应的机理分析、投资与经济可持续发展的机理分析以及投资与能源经济安全的机理分析。

4.4.1　新能源产业投资与经济增长效应的机理分析

我国将新能源产业列为七大战略性新兴产业之一。新能源产业作为促进经济增长的一个重要引擎，不仅有利于优化地方经济产业结构，也可作为地方经济发展的支柱产业。2008 年在金融危机背景下，美国奥巴马政府出台各种新能源政策，刺激新能源产业的投资和发展，作为美国经济复苏的增长点，鼓励企业掌握新能源高科技技术，形成全球技术垄断和技术领先。

（1）投资与经济增长关系

①投资与经济增长关系分析。投资是经济增长的重要因素，同时也受经济增长的制约，两者相互促进、相互制约。一方面，经济增长增加了总产出，是社会扩大投资的基础，同时总产出也影响投资总量；另一方面，投资促进经济增长，同时也是引起经济增长波动的主要因素。尹超（2014）通过分析我国 2001—2012 年新能源投资与经济增长的关

系，指出两者存在长期的均衡关系和双向的因果关系。①

②投资与经济增长变动影响因素分析。投资和经济增长之间相互影响，但他们也受不同因素影响。投资不仅受经济增长影响，还有投资立法、市场需求、资源、补贴政策、消费习惯、国家分配政策和金融政策等因素。经济增长除受投资影响外，还有投资效率、消费习惯、城镇化水平、产业结构、经济增长方式和贸易开放度等。因此，会出现投资增长速度快于或慢于经济增长速度。在产业投资初期，消费增长过快和技术更新加快，投资增长速度快于经济增长速度；在产业投资衰退期，消费增长缓慢和技术更迭较慢，往往会出现投资增长速度慢于经济增长速度的现象。

(2)投资对经济增长的机理分析

投资对经济增长的机理主要表现在需求效应和供给效应。

①需求效应。投资是利用资金购买原材料、厂房、设备和技术等生产物资，增加了社会生产资料和消费资料的需求，促进经济增长。

②供给效应。投资为社会提供生产资料和消费品。通过投资形成新的生产，促进经济增长。

从上述分析可以看出，新能源产业投资促进经济增长的主要原因是：一是新能源产业投资与经济增长存在因果关系，两者相互促进，相互影响。二是新能源产业投资消耗大量的原材料、机器设备并且带动大量的就业，创造了一个新能源生产资料市场，如光伏硅料、硅片、组件的原材料市场和风电稀土、风机、风场形成的应用市场。三是新能源产业投资为社会提供消费品。如新能源电力、新能源汽车、新能源路灯、洁净空气、分布式新能源等，这些产品的消费反过来促进经济增长。新能源产业是我国战略性新兴产业，在当前化石能源供给不足的情况下，是保障我国能源供给的重要产业。我国新能源产业投资变化趋势与经济增长(用 GDP 来衡量)变化趋势总体相似(如图 4-8 所示)。

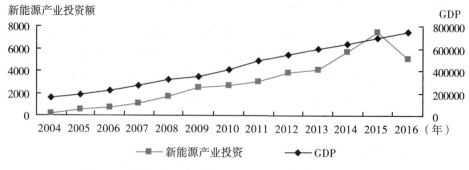

图 4-8　我国新能源产业投资与 GDP 走势图②(单位：亿元)

---

① 尹超．我国新能源产业对经济增长影响程度的实证研究[D]．保定：河北大学，2014．

② 按当年价格计算。左侧纵轴坐标为新能源产业投资，右侧纵轴坐标为 GDP。数据来源：《中国统计年鉴》和 *Renewables* 2017 *Global Status Report*．

2014—2016 年，我国新能源产业投资与 GDP 走势呈现如下特点：一是除 2016 年新能源产业投资趋势与 GDP 不一致外，其他年份趋势基本一致；二是新能源产业投资增长速度快于 GDP 增长速度。因此，新能源产业投资与经济增长存在因果关系，通过投资增加生产资料购买和促进新能源产品消费，推动经济增长。

4.4.2 新能源产业投资与就业增长效应的机理分析

(1)新能源产业就业种类和现状

①新能源产业就业种类。根据我国新能源产业链来看，新能源产业就业主要包括直接就业、间接就业和引发就业。

第一，直接就业。直接就业是指新能源产业直接相关的原材料加工、设备生产、工程建设、设备运营与维修、设备废旧处理与回收等部门产生的就业人数(如图 4-9 所示)。以 50 兆瓦的光伏电站全过程建设为例，从项目准备到光伏组件制造、运输、安装并网、运行维护和退役拆除，整个生命周期所需 22.91 万人一天的工作量，相当于每年就业人数为 627 人。从就业人数分布来看，运营维护、组件制造和安装并网过程所需的就业人数分别占 56%、22% 和 17%。2016 年我国光伏产业就业人数达到 196.1 万，其中制造领域 130 万人、建设与安装领域 63.5 万人、运用维护领域 2.6 万人。①

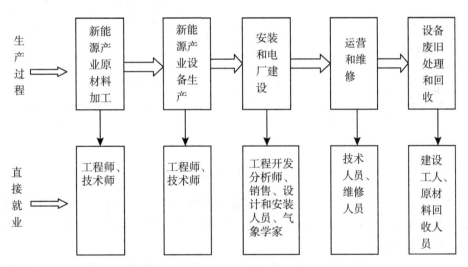

图 4-9 新能源产业直接就业流程图

第二，间接就业。间接就业是指提供和支持新能源产业发展的上游企业，通常这些就业没有纳入新能源产业就业统计，如炼铁、塑料和其他原材料企业的就业，或者提供金融

---

① 资料来源：国际可再生能源能源署(IRENA)，www.resource.irena.org.

服务企业的就业。

第三，引发就业。引发就业是指除直接就业和间接就业以外的就业，与新能源产业相关的就业，如新能源产业直接就业和间接就业人员的消费，包括这些人员的吃、穿、住、行、娱乐等方面增加的就业，这些消费引发新的就业。

②新能源产业就业现状。2016 年我国煤炭、石油、天然气火电行业就业总人数为841.44 万人，年发电量为 4.22 万亿千瓦时，占总发电量的 70.5%，单位亿千瓦时就业人数为 199 人。新能源行业就业人数为 364.3 万人，年发电量为 1.55 万亿千瓦，占总发电量的 25.9%，单位亿千瓦时就业人数为 234 人。对比可看出，新能源行业不仅单位发电量从业人数高于火电行业，而且随着新能源发电总量的增加，就业人数将远远超过火电行业（见表 4-1）。①

根据我国"十三五"规划，到 2020 年，新能源和可再生能源行业投资约 2.5 万亿元，新能源和可再生能源就业人数达 1300 万人，是 2015 年的 3.28 倍。② 2017 年，美国化石能源发电，包括石油、天然气、煤炭发电行业总就业人数为 18.71 万人，太阳能发电行业就业人数为 37.38 万人，而太阳能发电量仅占全部发电量的 0.8%。③

表 4-1 **2016 年不同能源行业从业人数统计**

发电类型	从业人数（人）	发电量 （亿千瓦时）	单位亿千万时 从业人数（人）
火电行业	8414400	42237	199
大型水电行业	312000	11807	26
新能源行业 （不含核电、大型水电）	3643000	15528	234

数据来源：根据国家统计年鉴整理得出。

（2）新能源产业投资与就业效应的机理分析

为更好地分析我国新能源产业投资与就业的作用机理，一方面运用新能源产业投资的就业偏度和就业弹性来测算我国新能源产业投资的就业饱和度，另一方面比较不同新能源种类的就业拉动效应。

①新能源产业投资的就业偏度。为了测算新能源产业投资就业效应是否接近饱和状态，运用新能源产业投资就业偏度指标来衡量，$\alpha = (A/B)/(C/D)$，其中 α 为就业偏度系数，A 表示新能源产业就业人数，B 表示全社会就业人数，C 表示新能源产业投资金额，D

---

① 资料来源：国家统计年鉴。
② 根据国际可再生能源和路透社估计。
③ 美国能源部发布的《美国能源与就业报告》。

表示全社会投资金额，测算结果如表 4-2 所示。从结果可以看出，我国新能源产业投资的就业偏度指数均大于 1，说明新能源产业就业占比比值高于相应的投资占比比值，也就是说，随着新能源产业投资占比的不断扩大，新能源产业就业空间也越大。就业偏度指数平均值为 1.42，即新能源产业投资占比每增加 1%，将提升 1.42% 的新能源产业就业占比（见表 4-2）。

表 4-2　　　　　　　　　　　　我国新能源产业投资的就业偏度

年份	新能源产业投资金额(亿元)	全社会投资金额(亿元)	新能源产业就业人数(千人)	全社会就业人数(千人)	就业偏度
2004	187.4	70477.4	766	114000	2.53
2005	529.7	88773.6	855	114040	1.26
2006	721.5	109998.2	943	117132	1.23
2007	1079.0	137323.9	1032	120244	1.09
2008	1644.5	172828.4	1120	121925	0.97
2009	2476.5	224598.8	1208	125730	0.87
2010	2691.0	278121.9	1407	130515	1.11
2011	2990.0	311485.1	1606	144133	1.16
2012	3789.5	374694.7	1747	152364	1.13
2013	4114.5	446294.1	2640	181084	1.58
2014	5674.5	512020.7	3390	182778	1.67
2015	7501.1	561999.8	3523	180625	1.46
2016	5089.5	606465.7	3650	178881	2.43
均值	2960.66	299621.72	1837	143342	1.42

资料来源：Renewables 2017 Global Status Report 和 2017 年国家统计年鉴.

从时间纵向维度来看，就业弹性系数呈"倒 U"形（见图 4-10 所示），说明随着技术进步和资本投资的增加，就业偏度系数会增加，即提高新能源产业投资占比，新能源产业就业占比也会提升。

②新能源产业投资的就业弹性。就业弹性是衡量我国新能源产业投资的就业拉动效应，即用新能源产业就业增长率与新能源产业投资增长率的比值来测算，就业弹性系数的高低反映投资对就业拉动作用的强弱（见表 4-3）。

从表 4-3 可以看出我国新能源产业投资增长速度较快，除 2016 年外，其他年份基本保持两位数增长，平均增长率为 36.55%。总体来看，新能源就业增长较为稳定，平均增长率为 14.4%。就业弹性系数除 2016 年为负数外，其他年份都为正数，平均就业弹性为

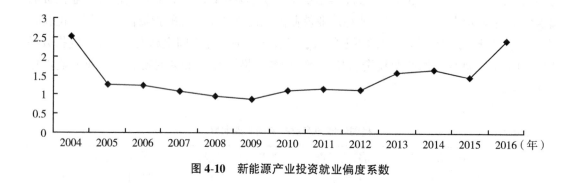

图 4-10　新能源产业投资就业偏度系数

0.94，也就是说新能源产业投资每增长 1%，新能源就业增长 0.94%，最高年份为 2013 年，就业弹性系数高达 5.96。2016 年就业弹性系数为负值，主要原因是 2016 年投资金额出现下降而就业人数呈现增长所致，上表进一步表明，即使投资出现下滑，对就业增长的影响也不大。

表 4-3　　　　　　　　　　　　我国新能源产业投资的就业弹性

年份	投资金额（10 亿美元）	投资增长率（%）	就业人数（千人）	就业增长率（%）	就业弹性
2004	2.88	10.90	766	13	1.20
2005	8.15	182.60	855	12	0.06
2006	11.10	36.22	943	10	0.29
2007	16.60	49.55	1032	9	0.19
2008	25.30	52.41	1120	9	0.16
2009	38.10	50.59	1208	8	0.16
2010	41.40	8.66	1407	16	1.90
2011	46.00	11.11	1606	14	1.27
2012	58.30	26.74	1747	9	0.33
2013	63.30	8.58	2640	51	5.96
2014	87.30	37.91	3390	28	0.75
2015	115.40	32.19	3523	4	0.12
2016	78.30	-32.15	3650	4	-0.11
均值	45.55	36.56	1837	14.4	0.94

资料来源：Renewables 2017 Global Status Report.

因此，新能源产业投资对就业有正向的促进作用，且吸纳能力逐步上升，也就是说，技术进步和资本投资对就业的创造效应大于替代效应。

③不同能源拉动就业比较分析。Wei，Patadia 和 Kammen(2010)[1]通过对美国不同能源种类就业进行分析，发现在新能源产业中，风电产业产生的就业数最低，为每年每亿千瓦时产生 17 个岗位，太阳能光伏发电产生的就业数最高，为每年每亿千瓦时产生 78 个岗位，但新能源产业产生的就业数量比煤炭和天然气都高。化石燃料中，天然气产生的就业数最低，每年每亿千瓦时产生 11 个岗位(如图 4-11 所示)。

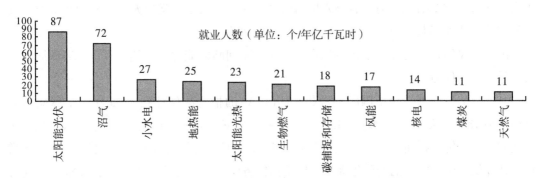

图 4-11 新能源产业单位发电量所需就业人数岗位

通过上述分析，从新能源产业投资的就业弹性偏度、弹性系数和带动就业人数来看，新能源产业投资的增加不仅可以提升新能源就业的占比和总人数，而且就业带动效应比传统化石能源更大。

4.4.3 新能源产业投资与经济可持续发展的机理分析

(1)可持续发展与经济可持续发展关系

可持续发展是指人类在资源和环境可承载的条件下，满足经济、社会和环境共同发展，既满足当代人需求，也不损害后代人的需求；既满足一个国家或地区的发展需求，也不损害别的国家或地区的发展需求；既要满足经济发展，也要保护人类生存的自然环境和人类的健康。从上述定义可看出，可持续发展包括社会、经济和自然生态的可持续发展。本书着重研究经济可持续发展，这与社会和环境可持续发展密不可分。

(2)经济可持续发展影响因素分析

衡量一国经济持续发展的因素主要有：能源供给能力、能源消耗弹性、能源价格成本

---

① Wei，M.，Patadia，S.，Kammen，D. Putting renewables and energy efficiency to work：How many jobs can the clean energy industry generate in the US？[J]. Energy Policy，2010：919-931.

和碳排放强度。

①能源供给能力。经济发展离不开能源，一国的能源供给能力可从两个方面来衡量。一是本国的能源自给率。根据 BP 公司统计，2016 年世界石油、煤炭和天然气采储比分别为 50.6 年、153 年和 52.5 年，而我国石油、煤炭和天然气可开采量分别为 3.5 亿吨、2440.1 亿吨、5.4 万亿立方米，采储比分别为 17.5 年、72 年和 38.8 年。未来如果能源出现供给中断，对经济可持续发展影响较大。① 二是从外部获取能源的能力。由于全球资源禀赋不同，世界各地所蕴藏的能源不同，从资源丰富区获取经济发展所需的能源是提高能源供给能力的重要措施，但随着马六甲海峡和霍尔木兹海峡禁运以及欧美对中东等石油资源的制裁，从外部获取能源的渠道面临被阻塞的风险。

因此，仅靠化石能源难以提供稳定、可靠、不间断的能源，不能为经济发展和居民生活提供充足的保障。

②能源消费弹性。根据国际能源机构②（IEA）的报告，预计到 2035 年，全球能源需求将增加 18%，从 2009 年每日 8400 万桶达到 2035 年每日 9900 万桶，每年全球能源需求将达到 167.4 亿吨石油当量。为实现经济可持续发展，需保持能耗增长速度低于经济增长，即降低一国的能源消费弹性系数。③ 根据国务院发展研究中心的预测，经济要实现可持续发展必须满足能源需求弹性系数低于 0.5。按我国经济年平均增长率 6% 测算，到 2035 年，我国经济总量相当于现在的 4.2 倍，而对能源的需求将增长 36%。因此，为保障经济可持续发展，需降低能源的消耗弹性。

③能源价格成本。能源成本是经济发展的关键，成本太高，影响企业发展。能源价格是企业的重要生产成本，预计到 2035 年，石油价格将达每桶 113 美元（按 2009 年实际价格计算），远高于 2017 年的每桶 67 美元；如按名义价格测算，油价将达每桶 204 美元。如果将这些成本折算进生产成本中，企业负担大大增加，影响经济动力和可持续性发展。④

④碳排放强度。碳排放强度是指单位国民生产总值的二氧化碳排放量。用碳排放强度指标可以衡量经济发展对环境的保护程度。如果一国经济在保持增长的同时，单位 GDP 碳排放量呈下降趋势，那么该国就实现了低碳经济。

由能源引起的污染破坏导致经济发展问题众多，而依靠牺牲环境为代价的发展并不可持续，根据钱纳里（1969 年）⑤划分，将经济增长分为六个阶段。在初级阶段和起步阶段，

---

① 数据来源：《BP 世界能源统计年鉴》，www.bp.com。
② 国际能源机构（IEA）发布的《2012 世界能源展望》。
③ 能源消费弹性系数=能源消费量年平均增长速度/国民经济年均增长速度。
④ 国际能源机构（IEA）发布的《2012 世界能源展望》。
⑤ 霍利斯·钱纳里，谢尔曼·鲁冰逊，摩西·赛尔奎因. 工业化和经济增长的比较研究[M]. 吴奇，等，译. 上海：格致出版社，2015.

工业化水平一般，自然环境破坏较少。在起飞阶段和加速阶段，工业化水平快速发展，人们只注重经济增长，忽略了对环境的保护，此阶段经济增长采取高耗能、高污染、低产出的增长方式。在成熟阶段，环境的破坏使人类面临经济、人口、资源、环境、社会和健康等多方面的压力和危机，经济增长所带来的环境和资源代价迫使人类不能再以高消耗的方式来取得经济的发展。在发达阶段，人类将建立经济增长、环境保护和资源节约的协同发展道路(如图 4-12 所示)。

我国的能源消费和经济发展在起飞和加速阶段，发展仍处于"高碳"状态，二氧化碳总量居世界第二，甲烷等温室气体居世界前列。因此，降低单位 GDP 碳排放量是实现经济可持续发展的重要措施。

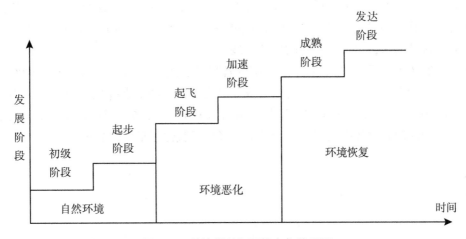

图 4-12　经济增长与环境变化关系图

从以上可以看出，经济增长与环境保护是相辅相成和相互作用的，要保持经济可持续发展，必须保护我们赖以生存的环境，实现协同发展。

(3)新能源产业投资与经济可持续发展的作用机理

新能源主要是运用新技术对自然资源进行开发利用，不仅具有经济价值，而且具有环境价值。根据"代际公平理论"，能源必须在代与代之间保持公平分配，在代际间保持公平合理的消费，即当代人的能源消费不会影响后代人对能源的开发和消费。传统资源不仅具有耗竭性，而且对生态环境构成破坏，影响人的健康。因此，新能源产业投资可以为经济发展提供可持续发展所需的能源供给，还可以降低能源消费弹性，稳定能源价格且有效降低碳排放强度。

①提供经济持续发展的能源供给。2016 年我国累计装机容量为 14864 万千瓦，2016 年风电发电量为 2341.8 亿千瓦时，我国各类风电技术开发量为 98148 万千瓦，潜在发电量为 269870 亿千瓦时，利用率仅为 15.14%。我国太阳能可开发量为 18.6 亿千瓦，截至

2016 年累计开发量仅为 7742 万千瓦，占可开发量的 4.16%。① 预计到 2050 年，我国人口达 16 亿，能源需求、环境保护和经济发展矛盾日益突出。因此，加大新能源产业投资，加快新能源资源利用，可以为经济发展提供稳定的能源供给。

②可以降低能源消费弹性。20 世纪 90 年代以来，我国经济快速发展，经济和能源实现了"双增长"，但是以牺牲环境和高能耗的粗放式发展换取的，未来能源缺口较大。2016 年，我国能源消费总量达到 43.6 亿吨标准煤，预计到 2050 年能源消费达 70 亿吨标准煤②，现有的能源储备难以覆盖未来能源需求。经济增长面临石油进口依赖、电力供给不足和拉闸限电等问题，经济持续发展受制于能源缺口。2016 年我国石油产出为 2 亿吨，2020 年我国石油需求为 7.36 亿吨，其中石油进口量为 5.42 亿吨，进口占比达 73.6%。在经济高速增长的地区，电力尤为短缺，企业发展受阻。加之部分地区缺乏有效投资和管理，导致部分电力供应商采取低效、高污染的发电机组来发电，以满足经济发展需求，引起了环境的恶化。如果我国能源需求增长速度快于 GDP 的增长速度，将严重损害后代人对环境和能源的需求，也损害经济的持续发展。

1990—2000 年，我国经济发展处于起步阶段，能源消费③弹性系数较低。2000—2012 年处于高速发展期，以高耗能和高污染换取经济发展，能源消费弹性系数平均值为 0.83。2003 年和 2004 年我国能源消费弹性系数分别高达 1.62 和 1.67（如图 4-13 所示）。而随着新能源投资和能源利用效率的提高，能源消费弹性系数慢慢呈下降趋势。

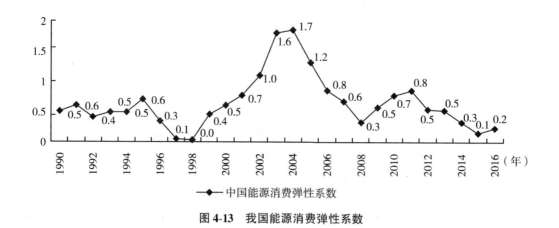

图 4-13 我国能源消费弹性系数

因此，新能源产业投资一方面可以拉动经济增长，另一方面可以提高能源利用效率，降低能耗，有效降低能源消费弹性系数。

③可以降低能源成本。能源成本高主要源于资源的稀缺性和垄断性，因此寻找替代能

---

① 资料来源：国家统计局、可再生能源手册。
② 资料来源：国家统计局《2016 年国民经济和社会发展统计公报》。
③ 资料来源：2017 年国家统计年鉴。

源，打破垄断，增加能源自给能力是降低能源成本的主要措施。新能源产业投资，如离网和微网电站的建设，不仅可以实现企业自给自足，而且可以大大降低企业成本。

④可以有效降低碳排放强度。新能源产业投资对于节省能源、降低能耗、降低碳排放强度具有重要意义。2015 年巴黎气候大会上已达成共识，即到 2100 年全球温度与工业革命前相比不超过 2℃的全球性协议。为实现该目标，必须减少二氧化碳排放以改善环境质量。目前碳排放途径主要有：一是提高能效，即提高现有能源(包括化石能源)的燃烧值，降低单位 GDP 能耗；二是实行碳封存和捕捉(CCS)；三是开发新能源，实现对现有化石能源的替代，减少二氧化碳排放。

从碳减排量来看，不同种类能源发电站在生命周期内排放的二氧化碳[①]最高的为煤电，达 900 千克/千瓦时，天然气发电为 435 千克/千瓦时。光伏发电为 110 千克/千瓦时，是煤电的 12.2%，最低为光热发电 12 千克/千瓦时，仅为煤电的 1.33%。因此，新能源发电可以有效地减少碳排放(如图 4-14 所示)。

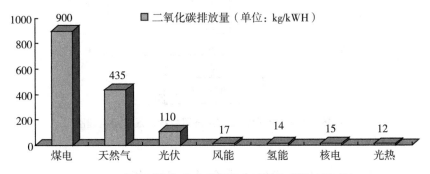

图 4-14　各类型发电站生命周期内二氧化碳排放量对比

从碳排放贡献率来看，根据世界能源署的研究报告，碳捕捉和封存的碳排放贡献率为26%，先进煤烟技术和天然气效率提升的碳排放贡献率为 20%，而光伏、风能、生物质能、地热能、光热等新能源产业技术对碳排放贡献率合计为 55%。[②]

从开发成本来看，碳捕捉和封存成本较高，根据美国密歇根大学的研究表明：一是碳捕捉和封存的二氧化碳存储场所安全性要求较高；二是碳捕捉和封存成本比风电和太阳能发电成本更高，且需燃烧一倍以上煤炭的采集能耗。提高现有化石能源的能效虽能减低碳排放，但与新能源相比，碳排放贡献率还不高。因此发展新能源产业是实现碳排放减少的必然和最合适的途径。

从以上分析可知，经济可持续发展需要更多资本、人力、能源等资源来保障，但最重要的还是能源。能源是经济持续发展的基础，也是环境破坏的"源头"。因此需要寻找一

---

① 资料来源：长城国瑞证券研究所。

② 王顺. 促进新能源电力产业投资的理论应用和政策导向研究[D]. 财政部财政科学研究所，2011.

种能源，既能保证经济持续发展所需的能源供给，又不破坏生态环境，而具有环保优势和不耗竭的新能源可为发展提供可靠的能源供给。

新能源产业投资可满足经济持续发展所需的能源需求，不仅增加能源供给，而且以低碳方式促进经济增长和有效改善环境质量。能源供给、经济增长和环境保护三者相辅相成，相互作用，共同促进经济可持续发展（如图 4-15 所示）。

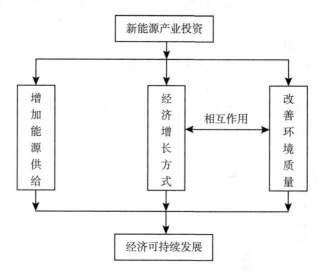

图 4-15　新能源产业投资与经济可持续发展作用机理图

4.4.4　新能源产业投资与能源经济安全的机理分析

（1）能源安全与能源经济安全关系

①能源安全。能源安全包括能源军事安全、能源政治安全和能源经济安全。

能源军事安全是指保障现代化国家军事安全，为保卫现代国防提供能源。能源就与国家军事安全息息相关，最初主要是利用石油等化石能源为现代武器提供能源供给，能源的有效供给对于军队战斗力具有重要作用。能源政治安全是指能源作为外交谈判的一个重要筹码，由于全球资源禀赋不同，拥有谈判的地位不同。石油能源储备少的国家，在外交谈判上会"矮一截"。在现代战争中，谁控制了石油，谁就掌握了主动权。

②能源经济安全。本书研究的重点是能源经济安全。经济社会发展离不开能源，能源成本的上升造成社会生活和生产成本上升，进而影响居民的"钱袋子"。每次石油危机的爆发都导致经济衰退，如果一国能源对外依赖度高，没有良好的能源供给保障，会大大影响该国的经济安全系数，激发社会矛盾。能源已经成为一国经济社会发展的重要影响因素。

（2）能源经济安全影响因素

影响一国能源经济安全因素的主要有：能源自给率、能源价格波动、市场与技术占领地位和能源定价权。

①能源自给率。能源自给率是指本国能源生产量占国内总能源消费的比例。1993年起，我国成为原油进口国，2017年1—11月，中国原油进口量为3.86亿吨，同比增长12%，进口金额达1471.1亿美元，同比增长41.1%，已成为世界原油第一大进口国。煤炭也从2007年从净出口国变为净进口国，2011年进口达到1.824亿吨，超越日本，居世界第一，虽在2017年有所下降，1—10月，煤炭进口量达4234万吨，煤炭出口量为4326万吨，基本实现平衡。① 2004年我国能源自给率②为89%，到2016年降为79%（如图4-16所示）。

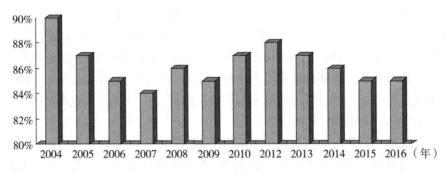

图4-16 中国能源自给率

从图4-16可以看出，随着我国经济快速增长，能源消费增长较快，由于传统化石能源的稀缺性，能源自给率逐渐下降，严重影响我国能源经济安全。

②能源价格波动。合适的能源价格是指为社会生产和生活提供可接受的能源价格，价格波动对企业生产成本和居民生活成本影响不大。1965—2016年原油价格波动较大（如图4-17所示，价格按2016年为购买力换算），石油战争的爆发导致1980年原油价格达到107.27美元/桶，2011年原油出口国限产提价导致价格达到118.71美元/桶。③ 当前大部分国际能源以美元计价，我国对石油价格没有定价权，跟随世界石油价格波动而波动，进口能源价格不稳定，增加了能源进口成本，也提高了企业生产成本，影响社会生产和居民生活。新能源开发具有就近开发、就近消纳的便利性，不因国际原油价格波动而波动。

---

① 数据来源：中国海关进出口数据统计。
② 数据来源：www.bp.com，BP energy. 能源自给率=能源生产总量/一次能源供给量。
③ 数据来源：www.bp.com，BP energy.

（单位：美元/桶）

图 4-17　世界原油价格走势

③市场与技术占领。能源经济安全还有一个重要的方面是市场和技术占领，能源技术全球领先和市场份额占领对未来能源经济安全有重要的作用。如新能源汽车市场和新能源电力核心技术被外国掌控，对我国能源经济安全造成致命的打击。据统计，全球能源企业500强中，美国131家，中国101家，日本32家。前100强中，中国26家，美国21家，俄罗斯7家，英国和印度各占6家。[①] 虽然我国能源企业较多，但核心技术还在外国手里。以光伏产业薄膜电池和硅材料制造业为例，德国、日本和美国基本处于垄断地位，国内很多技术是直接引进美国、德国的技术和设备。因此，一国的能源企业在国际中的竞争力和地位将决定一国的能源经济安全。

④能源定价权。未来石油定价权将逐步退出舞台，能源的定价权不再以石油为主，而是以新能源为定价权。核心技术以及突破性创新是新能源产业发展的制高点，谁抢占了这一制高点，谁就掌握了未来能源的定价权，能源定价权也代表了企业在国际市场上的综合竞争力。

（2）新能源产业投资与能源经济安全的发展机理

①新能源产业投资可以提高能源自给率。目前，提升一国能源安全的主要途径有两个。一是增加本国的能源自给率。一些国家通过开采本国能源提升本国能源自给率，如丹麦和美国能源自给率分别达156%和71%，而日本能源自给率仅为17%。二是大力发展新能源产业，减少化石能源的进口。丹麦计划在2050年前建立一个完全摆脱对化石燃料依赖且不含核能的能源系统。

②新能源产业投资可以缓和能源价格波动。目前化石能源价格波动主要是供给不足引起的。能源价格高主要是由于能源供给少，一方面是本国能源供给不足，另一方面是外来供给受限。新能源产业投资不仅可以增加本国的能源供给，而且可以降低能源对外依赖度，可以有效稳定能源价格波动。

③新能源产业投资可以提升能源市场份额和实现技术领先。据统计，全球新能源企业

---

① 资料来源：国家发改委国际合作中心编制的《能源企业全球竞争力报告2017》。

全球竞争力前 100 强中，我国一共有 64 家企业，其中协鑫集团位居新能源企业排行榜第一，前 10 强还有上海电气集团、隆基股份、福斯特、国轩高科、信义光能。比亚迪股份有限公司通过加大新能源汽车产业的投资力度，积极拓宽海外市场，在英国纯电动大巴汽车市场中占 50% 以上的份额。因此，新能源产业投资可以提高企业知名度、市场占有率和技术优势。

④新能源产业投资可以争夺能源定价权。当今美国和中国都是能源消耗大国，也是能源生产大国，世界各国都将目光投向新能源这块巨大的"蛋糕"上，如何通过产业和技术控制市场，实现资源的"坚壁清野"，实现对一个国家的经济"役使"，争夺未来新能源定价权是世界各国竞争的主要目标。一旦某个国家出现资源瓶颈、能源价格波动和能源供给受限等现象，拥有能源"定价权"的国家就可以进行利益谈判，从而达到控制目的。

从以上分析可知，新能源产业的投资，不仅增加能源供给，提高能源自给率，作为能源供给储备力量，而且对于争夺未来能源"定价权"，抢先世界技术和市场领先，实现技术和产业控制有积极的影响。因此，新能源产业投资对提高能源经济安全有重要作用。

5 我国新能源产业宏观投资效率研究

5.1 模型构建

本书运用数据包络模型(Data Envelopment Analysis, DEA)来测算宏观投资效率, 常用测算效率的模型为 Tone Kaoru(2001)①提出至前沿最远距离模型(Slack Based Measure), 即 SBM 模型。但 SBM 模型的缺点是最远的投影点存在明显不合理, 因此采用至强有效前沿最近距离模型(Minimum Distance to Strong Efficient Frontier), 即 MinDS 模型。考虑传统模型的被决策单位(Decision Making Unit, DMU)效率值最大为 1, 容易出现多个 DMU 效率值相同的情况。为避免这种情况, 运用 Anderson and Petersen(1993)②提出的超效率模型(Super Efficiency model), 即 SE 模型, 其效率值可以大于 1, 可以真实反映其效率值。综合以上所述, 本书采取 SE-MinDS 模型来测算我国静态宏观投资效率。

考虑到投资效率是个长期连续的过程, 同时生产技术不断发生变化, 为测算包括多个时间点的观测值的技术效率变化, 本书采用 Malmquist(1953)③提出的全要素生产率(Total Factor Productivity, TFP)指数分析。由于宏观投资效率产出指标包括碳排放强度"非期望"产出指标, 本书采用 Chung(1997)④提出的把包含坏产出的方向性距离函数, 即 Malmquist 模型, 得出的 Malmquist 指数为 Malmquist-Luerberger 指数。

因此, 本书对我国新能源产业宏观投资静态效率采用 SE-MinDS 模型, 而动态效率采用 Malmquist-Luenberger 模型。

---

① Tone K. A slack-based measure of efficiency in data envelopment analysis[J]. European Journal of Operational Research, 2001(130).

② Andersen P, Petersen N C. A procedure for ranking efficient units in data envelopment analysis[J]. Management Science, 1993(39).

③ Malmquist S. Index numbers and indifference surfaces[J]. Trabajos de Estadistica y de Investigacion Operativa, 1953(4).

④ Chung Y H, Fare R, Grosskopf S. Productivity and underable outputs: A directional distance function approcha[J]. Journal of Enviromental Managemet, 1997(51).

5.1.1　SE-MinDS 模型

（1）数据包络分析模型

数据包络分析法（DEA）是一种非参数效率评价方法，用来测量经济效率，主要对多输入和多输出决策单元的相对技术效率进行评价。该模型由 Charnes、Cooper and Rhodes（1978）①首次提出，运用数学规划对决策单元确定相对有效的生产前沿。

根据规模收益不同，分为规模收益不变和规模收益可变。规模收益不变由 Charnes、Cooper and Rhode（1978）②提出，即 CCR 模型。规模收益可变由 Banker、Charnes and Cooper（1984）③提出，即 BCC 模型。基于 CCR 模型和 BCC 模型，Tone Kaoru（2001）提出至前沿最远距离模型（Slack Based Measure），即 SBM 模型。

DEA 的数学模型为：假设有 n 个决策单元（Decision Making Units，DMU），每个 DMU 都有 m 种投入以及 s 种产出，其矩阵形式为：

$$
X = \begin{bmatrix} V_1 \\ V_2 \\ V_3 \\ \dots \\ V_i \\ \dots \\ V_m \end{bmatrix} = \begin{bmatrix} x_{11} & x_{12} & x_{13} & \cdots & x_{1j} & \cdots & x_{1n} \\ x_{21} & x_{22} & x_{23} & \cdots & x_{2j} & \cdots & x_{2n} \\ x_{31} & x_{32} & x_{33} & \cdots & x_{3j} & \cdots & x_{3n} \\ \cdots & \cdots & \cdots & \cdots & \cdots & & \cdots \\ x_{i1} & x_{i2} & x_{i3} & \cdots & x_{ij} & \cdots & x_{in} \\ \cdots & \cdots & \cdots & \cdots & \cdots & & \cdots \\ x_{m1} & x_{m2} & x_{m3} & \cdots & x_{mj} & \cdots & x_{mn} \end{bmatrix} \tag{5-1}
$$

$$
Y = \begin{bmatrix} U_1 \\ U_2 \\ U_3 \\ \dots \\ U_i \\ \dots \\ U_m \end{bmatrix} = \begin{bmatrix} y_{11} & y_{12} & y_{13} & \cdots & y_{1j} & \cdots & y_{1n} \\ y_{21} & y_{22} & y_{23} & \cdots & y_{2j} & \cdots & y_{2n} \\ y_{31} & y_{32} & y_{33} & \cdots & y_{3j} & \cdots & y_{3n} \\ \cdots & \cdots & \cdots & \cdots & \cdots & & \cdots \\ y_{i1} & y_{i2} & y_{i3} & \cdots & y_{ij} & \cdots & y_{in} \\ \cdots & \cdots & \cdots & \cdots & \cdots & & \cdots \\ y_{m1} & y_{m2} & y_{m3} & \cdots & y_{mj} & \cdots & y_{mn} \end{bmatrix} \tag{5-2}
$$

---

①　Charnes A, Cooper W W, Rhodes E. Measuring the efficiency of decision making units[J]. European Journal of Operational Research, 1978(2).

②　Charnes A, Cooper W W, Rhodes E. Measuring the efficiency of decision making units[J]. European Journal of Operational Research, 1978(2).

③　Banker R D, Charnes A, Cooper WW. Some models for estimating technical and scale inefficiencies in data envelopment analysisi[J]. Management Science, 1984(30).

其中，每个 DMU 的总投入为 $X_j = (x_{1j} \quad x_{2j} \quad x_{3j} \quad \dots \quad x_{ij} \quad \dots \quad x_{mj})^{\mathrm{T}}$，$x_{ij}$ 为第 j 个 DMU 第 i 种投入的使用量，$Y_j = (y_{1j} \quad y_{2j} \quad y_{3j} \quad \dots \quad y_{ij} \quad \dots \quad y_{mj})^{\mathrm{T}}$，$y_{ij}$ 为第 j 个 DMU 第 i 种产出量。

基于以上假设，CCR 模型可以表示为：

$$
\begin{aligned}
&\mathrm{Min}_{\theta,\,\lambda}\,\theta \\
&\text{st.} \quad -y_j + Y\lambda \geq 0 \\
&\theta x_j - X\lambda \geq 0 \\
&\lambda \geq 0
\end{aligned}
\tag{5-3}
$$

其中 θ 是一个标量，代表的第 j 个决策单元的效率值；λ 是一组 $N*1$ 的常数向量；效率值满足 $0 \leq \theta \leq 1$，当 $\theta = 1$ 时，该决策单元的投入组合为最优组合，该决策单元为在该投入组合下所能得到的最大产出，此类决策单元被称为有效决策单元，其投入组合都落在效率前沿面上。当 $\lambda > 0$ 时，表示 DMU 有效；当 $\lambda = 0$ 时，表示 DMU 弱有效，效率前沿面不会由于该类决策单元的存在而发生改变。

BCC 模型可以表示为：

$$
\begin{aligned}
&\mathrm{Min}_{\theta,\,\lambda}\,\theta \\
&\text{st.} \quad -y_j + Y\lambda \geq 0 \\
&\theta x_j - X\lambda \geq 0 \\
&I1'\lambda = 1 \\
&\lambda \geq 0
\end{aligned}
\tag{5-4}
$$

从以上可以看出，BCC 模型和 CCR 模型都是投入导向性，且 BCC 模型优于 CCR 模型所得的结果。下面分析产出导向性，CRS 产出导向模型：

$$
\begin{aligned}
&\mathrm{Max}_{\phi,\,\lambda}\,\phi \\
&\text{st.} \quad -\phi y_j + Y\lambda \geq 0 \\
&x_j - X\lambda \geq 0 \\
&\lambda \geq 0
\end{aligned}
\tag{5-5}
$$

VRS 的产出导向 DEA 模型为：

$$
\begin{aligned}
&\mathrm{Max}_{\phi,\,\lambda}\,\phi \\
&\text{st.} \quad -\phi y_j + Y\lambda \geq 0 \\
&x_j - X\lambda \geq 0 \\
&I1'\lambda = 1 \\
&\lambda \geq 0
\end{aligned}
\tag{5-6}
$$

其中 ϕ 为相对技术效率值，$0 \leq \phi \leq 1$，$\phi = 1$ 时表示该 DMU 在产出不变时，产出最大化。

（2）MinDS 模型

为了克服 SBM 模型中最远的投影点存在明显不合理的情况，在 SBM 模型上，Aparicio（2007）[1]提出至强有效前沿最近距离模型，将决策单元（DMU）设定为至强有效前沿最近距离的点，本书考虑 n 个 DMU，效率值用 ρ 表示。x_{ik} 和 y_{rk} 分别表示决策单位 K 第 i 种投入和第 r 种产出，s_i^- 和 s_r^+ 为实际投入及产出的松弛量，$\hat{x}_{ij} = x_{ik} - s_i^-$ 和 $\hat{y}_{rj} = y_{rk} + s_r^+$ 为 DMU 目标值。Aparicio et al. 提出的 MinDS 效率模型具体形式为：

$$\max \rho_k = \frac{\frac{1}{m}\sum_{i=1}^m (1 - s_i^- / x_{ik})}{\frac{1}{q}\sum_{r=1}^q (1 + s_r^+ / y_{rk})}$$

$$\text{s.t.} \begin{cases} \sum_{j\in E} \lambda_j x_{ij} + s_i^- = x_{ik}, & i = 1, 2, \cdots, m; \\ \sum_{j\in E} \lambda_j x_{rj} - s_r^+ = y_{rk}, & i = 1, 2, \cdots, q; \\ s_i^- \geq 0, & i = 1, 2, \cdots, m \\ s_r^+ \geq 0, & r = 1, 2, \cdots, q \\ \lambda_j \geq 0, & j \in E \\ \sum_{i=1}^m \nu_j x_{ij} + \sum_{r=1}^q \eta_r y_{rj} + d_j = 0, & j \in E \\ \nu_j \geq 1, & i = 1, 2, \cdots, m \\ \eta_r \geq 1, & r = 1, 2, \cdots, q \end{cases} \tag{5-7}$$

在模型附加的如下约束条件中，M 表示足够大的正数。

$$\begin{cases} d_j \leq Mb_j, & j \in E \\ r_j \leq M(1 - b_j), & j \in E \\ b_j \in \{0, 1\}, & j \in E \\ d_j \geq 0, & j \in E \end{cases} \tag{5-8}$$

（3）超效率模型

为了解决传统模型被决策单位效率值最大为 1，导致出现多个 DMU 效率值相同的情况，即都为 1，在 SBM 模型基础上，Anderson and Petersen（1993）[2]提出超效率模型，即

① Aparicio J，Ruiz J L，Sirvent I. Closest targets and minimum distance to the Pareto-efficient frontier in DEA[J]. Journal of Productivity Analysis，2007(28).

② Andersen P，Petersen N C. A Procedure for ranking efficient units in data envelopment analysis[J]. Management Science，1993(39).

SE 模型。其模型如图 5-1 所示。

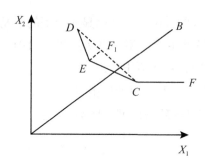

图 5-1　超效率 DEA 模型

以有效单元 E 为例来说明该模型测量的思路。设原生产可能集 DECF 为 P，从 P 中删除 E，将新产生的生产可能集 DCF 设为 P_1。测算 E 到新的生产可能集 P_1 的距离为 EE_1。该距离就是超效率值。而原本无效的 DUM，有效生产前沿面依然是 DECF，其评价效果与传统的 DEA 模型测算结果保持一致。

现假设有 n 个 DUM，并且每个 DUM 都含有 m 个输入和 p 个输出，其输入和输出数据分别为 x_{mj}，$y_{pj}(j=1,2,3,\cdots,n)$，则对于第 $j_0(1 \leqslant j_0 \leqslant n)$ 个 DUM 的超效率 DEA 模型线性规划对偶描述如下：

$$\min \theta$$

$$\text{s. t.} \quad \sum_{j=1,\ j \neq j_0}^{n} x_{ij}\lambda_j + s_i^- = \theta x_{ij_0}$$

$$\sum_{j=1,\ j \neq j_0}^{n} y_{kj}\lambda_j - s_k^+ = y_{kj_0} \tag{5-9}$$

$$s_i^-,\ s_k^+,\ \lambda_j \geqslant 0,\ j=1,2,\cdots,n;\ i=1,2,\cdots,m;\ k=1,2,\cdots,p$$

式中：θ 为 DUM 的超效率值，s_i^-，s_k^+ 分别为投入指标和产出指标的松弛变量。当 $\theta \geqslant 1$，且 $s^+ = s^- = 0$ 时，表示 DUM 有效，在多投入与多输出的情况下，取得最优的经济效率；当 $\theta \leqslant 1$，且 $s^+ \neq 0$，$s^- \neq 0$ 时，该 DUM 无效，说明投入过多。

5.1.2　Malmquist-Luenberger 模型

Chung 等人（1997）采用的是方向距离函数和相邻前沿交叉参比 Malmquist 模型。现实中，除了采取方向性距离函数外，还可以选择径向、SBM、MinDs 等函数。Malmquist 除采取相邻前沿交叉参比外，可以是全局参比、固定参比和序列参比。本书根据实际情况，采用 MinDS 和全局参比模型。

（1）Malmquist 模型

Malmquist 生产率指数的概念最早源于 Malmquist（1953）。最早由 Caves、Christensen

和 Diewert 在 1982 年将其应用于生产效率变化的测算。Fare、Grosskopf、Lindgren 和 Ross(1992)[1]等人采用 DEA 方法计算 Malmquist 指数,将被评价 DMU 分为技术效率变化(Technical efficiency Change,EC)和生产技术的变化(Technological Change,TC),其计算结果一般也被称为"全要素生产率"(Total Factor of Productivity,TFP)。

假设以 t 时期技术 Tt 为参照,则 Malmquist 指数方法模型的表达式为:

$$M_0^t(x_{t+1},\ y_{t+1},\ x_t,\ y_t) = d_0^t(x_{t+1},\ y_{t+1})/d_0^t(x_t,\ y_t) \tag{5-10}$$

同理,假设以 $t+1$ 时期技术 $Tt+1$ 为参照,则产出视角下的 Malmquist 指数方法表示为:

$$M_0^{t+1}(x_{t+1},\ y_{t+1},\ x_t,\ y_t) = d_0^{t+1}(x_{t+1},\ y_{t+1})/d_0^{t+1}(x_t,\ y_t) \tag{5-11}$$

用(5-10)式和(5-11)式的几何平均值作为计量从 t 时期到 $t+1$ 时期生产率变化的 Malmquist 指数,即可表示为:

$$M_0(x_{t+1},\ y_{t+1},\ x_t,\ y_t) = \left[\frac{d_0^t(x_{t+1},\ y_{t+1})}{d_0^t(x_t,\ y_t)} * \frac{d_0^{t+1}(x_t,\ y_t)}{d_0^{t+1}(x_t,\ y_t)}\right]^{1/2} \tag{5-12}$$

(5-10)式、(5-11)式、(5-12)式中,假设以 t 时期技术 Tt 为参照,则 d_0^t 和 d_0^{t+1} 分别表示 t 时期和 $t+1$ 时期生产点的距离函数。如果(5-12)式 Malmquist 指数计量结果大于 1,则表示全要素生产率从 t 时期到 $t+1$ 时期是增长的。

(2)MI 指数分解

Fare R. 等人(1994)[2]把 DEA 模型得出的 Malmquist 指数(简称 MI)分为技术进步变化指数(Technological Efficiency Change,TC)和技术效率变化指数。再将技术效率变化分为纯技术效率变化指数(Pure Technical Efficiency Change Index,PEC)和规模效率变化指数(Scale Efficiency Change Index,SEC)。

技术效率变化是指 DMU 对资源优化配置和资源使用效率的评价,纯技术效率变化是指衡量 DMU 在管理上的效率变化,规模效率变化是衡量规模变化效率,通常指实际投资规模和最优投资规模的差距。其关系为 MI = EC * TC = PEC * SEC * TC,具体如图 5-2 所示。

当全要素 MI 大于 1 时,表示全要素新能源产业效率提高;当全要素 MI 小于 1 时,表示全要素新能源产业效率降低;当全要素 MI 等于 1 时,全要素新能源产业效率无变化。

---

[1] Fare R, Grosskopf S, Lindgren B, Roos P. Productivity changes in Swedish pharamacies 1980 – 1989:Anon-parametric Malmquist approach[J]. Journal of Productivity Analysisi, 1992.

[2] Fare R, Grosskopf S, Norris M, Zhang Z. Productivity Growth, Technical Progress, and Efficiency Change in Industrialized Counrtries[J]. American Economic Revies, 1994(84).

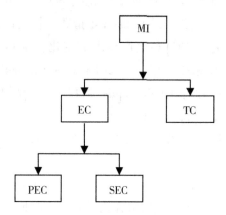

图 5-2　**Fare R.（1994）**的分解方法

5.2　变量选取与数据来源说明

5.2.1　变量选取

新能源产业宏观投资效率主要是研究新能源产业投资过程中的效率问题，即研究新能源产业的投入产出比，分析效率值高低的原因。新能源产业宏观投资效率主要是测算各种新能源产业的投入规模合理性及投入资源的利用情况。由于本书研究的宏观经济效应指标不仅有 GDP 产出，而且包括新能源就业、经济可持续发展和能源经济安全指标。因此，为更好地测算我国新能源宏观投资效率，将新能源产业投资额作为投入指标，将 GDP 产出、新能源就业、经济可持续发展和能源经济安全作为产出指标，碳排放强度代表经济可持续发展指标，新能源消费比例代表经济安全指标，具体如下。

（1）投入指标

投入指标主要是新能源产业投资额，包括地热能、风能、太阳能、生物质能等新能源产业的投资金额，用 tz 表示。

（2）产出指标

产出指标主要有经济产出、新能源就业、碳排放强度和新能源消费比例。

经济产出：为国内生产总值，用 GDP 表示，单位为亿美元。

新能源就业：新能源就业是指新能源相关产业的就业人员，包括太阳能、风能、地热能和生物质能等产业的就业人数，用 jy 表示，单位为千人。

碳排放强度：碳排放强度为每单位 GDP 二氧化碳排放量，用 pfqd 表示。

新能源消费比例：一国新能源消费量占能源消费总量的比例，用 xfzb 表示。

5.2.2 数据来源说明

本书所用数据主要来自世界银行数据库、国际能源署和各国统计年鉴。鉴于数据的可得性，本节最终选择 2004—2016 年的时间序列数据进行分析。其中经济产出数据均来自世界银行，GDP 以 2004 年为基期进行平减。投资额、就业人数数据来自 *Renewables 2017 Golbal Status Report*①，为剔除价格因素，投资金额按 2004 年通货膨胀指数进行平减。新能源消费比例和碳排放量来自 *BP Statistical Review of World Energy*②。因数据的原因，为了使研究具有代表性，在新能源产业的选择上，笔者仅仅找到了地热能、风能、太阳能、生物质能四种能源的有效数据，故在实证研究时仅针对这四种新能源产业进行实证分析。

5.3 我国新能源产业宏观投资效率的实证分析

5.3.1 投资规模收益分析

根据 Aparicio、Ruiz and Sirvent(2007)超效率模型理论，运用 Maxdea 软件计算得出我国新能源产业投资规模效率和规模收益类型(见表 5-1)。从表 5-1 可以看出，我国新能源产业投资规模收益有规模收益递增和规模收益递减两种类型。其中，2004 年、2006—2010 年、2012 年规模收益递增，其他年份都是规模收益递减。

表 5-1   **2004—2016 年我国规模收益类型**

年份	综合技术效率	纯技术效率	规模效率	规模收益类型
2004	1.438	2.869	0.501	Increasing
2005	0.659	0.658	1.001	Decreasing
2006	0.669	0.669	1.000	Increasing
2007	0.630	0.630	1.001	Increasing
2008	0.658	0.657	1.002	Increasing
2009	0.646	0.643	1.005	Increasing
2010	0.773	0.771	1.002	Increasing
2011	0.826	0.826	1.000	Decreasing
2012	0.789	0.778	1.013	Increasing

---

① 资料来源：www.ren21.net.

② 资料来源：www.bp.com/statistical review.

年份	综合技术效率	纯技术效率	规模效率	规模收益类型
2013	1.000	1.007	0.994	Decreasing
2014	0.751	0.747	1.006	Decreasing
2015	0.696	0.695	1.002	Decreasing
2016	1.205	1.211	0.995	Decreasing

从表5-1可以看出，2016年综合技术效率为1.205，同比增长较快，主要原因是2016年我国新能源产业投资金额与2015年相比，下降了32.14%，但产出指标保持稳定增长。

5.3.2 宏观投资效率静态分析

通过运行Maxdea软件的SE-MinDS模型，在规模收益可变的情形下，对2004—2016年各投入产出指标进行的宏观投资效率进行测算，其结果如表5-2所示。

表5-2　　　　2004—2016年我国新能源产业宏观投资效率值和松弛变量改进比例

年份	SE-MinDS模型 投资效率	MinDS模型 投资效率	SE-SBM模型下的改进比例(%)				
			P_{tz}^{-}	P_{gdp}^{+}	P_{jy}^{+}	P_{pfqd}^{+}	P_{xfzb}^{+}
2004	2.849	1.000	182.99	0.00	0.00	0.00	−2.63
2005	0.955	0.955	0.00	7.44	0.00	−6.26	5.21
2006	0.973	0.973	0.00	4.53	0.00	−3.97	2.51
2007	1.015	1.000	0.00	−4.04	0.00	2.03	0.00
2008	1.017	1.000	0.00	0.00	0.00	5.82	−0.75
2009	0.854	0.854	0.00	27.68	31.74	−8.99	0.00
2010	1.005	1.000	0.00	0.00	0.00	2.16	0.00
2011	1.017	1.000	0.00	−2.48	0.00	4.02	0.00
2012	0.843	0.843	0.00	12.03	45.22	−7.42	9.61
2013	1.000	1.000	0.00	0.00	0.00	0.06	0.00
2014	0.799	0.799	−9.01	15.55	7.67	−14.41	17.70
2015	0.719	0.719	−22.80	7.99	3.60	−7.82	9.92
2016	1.198	1.000	0.00	−15.44	−13.32	19.70	−17.53

由表5-2可以看出，从模型角度来看，MinDS模型和SE-MinDS模型对我国新能源产业投资宏观投资效率测算结果是一样的，但MinDS模型效率值最大为1，而SE-MinDS模

型克服了这一缺陷，使效率值可以大于 1。2016 年综合技术效率为 1.198，同比增长较快，主要原因是 2016 年我国新能源产业投资金额与 2015 年相比，下降了 32.14%，但产出指标保持稳定增长。

从松弛变量角度来看，运用 SE-MinDS 模型测算了 2004—2016 年我国新能源产业投资静态数据，表 5-2 反映了各个年份的效率值和松弛变量占原始数值的百分比，即各个指标所需改进的比例。P_{iz}^- 表示投入松弛，P_i^+ 表示产出松弛。对于效率值大于 1 的年份，松弛变量反映的是投入量还可以增加的幅度；对于效率值小于 1 的年份，松弛变量反映的是投入的冗余量和产出的不足量，反映了投资未充分利用。从投入角度来看，2004 年 DEA 为2.849，在保证产出不变的情况下，投资增加的比例为 182.99%。2014 年和 2015 年，资金投入上，在保证产出不变的情况下，投资冗余的比例分别为 9.01% 和 22.8%。

只有个别指标存在投资过度，总体上投资是有效率的。产出指标中就业人数、GDP、新能源消费量存在效率值偏低的问题，碳排放强度存在排放过度的问题。

5.3.3　宏观投资效率动态分析

本书采用 2004—2016 年的数据，基于 Malmquist-Luenberger 生产率指数模型，运用软件 MaxDEA[①]，测算我国新能源产业投入产出效率(结果见表 5-3 所示)。

表 5-3　　　　　　　**2005—2016 年我国考虑非期望产出 MI 指数及其分解**

指标＼年份	综合技术效率（MI）	技术进步效率（TC）	技术效率变化（EC）	纯技术效率变化（PEC）	纯规模效率变化（SEC）
2005	1.141	0.647	1.763	1.023	1.723
2006	1.098	0.803	1.367	1.014	1.348
2007	0.935	0.488	1.916	1.006	1.905
2008	0.857	1.341	0.639	1.014	0.630
2009	1.064	1.411	0.754	1.026	0.735
2010	1.108	1.099	1.008	1.000	1.008
2011	1.084	0.897	1.209	1.005	1.203
2012	0.984	0.94	1.047	1.013	1.034
2013	1.111	1.061	1.047	1.044	1.003
2014	0.936	0.939	0.997	1.013	0.984
2015	1.03	0.972	1.06	1.003	1.057
2016	1.014	1.08	0.939	1.012	0.928
均值	1.030	0.973	1.145	1.014	1.130

---

① 成刚. 数据包络分析方法与 MaxDEA 软件[M]. 北京：知识产权出版社，2014.

根据表 5-3 的数据结果，对 2005—2016 年我国新能源产业宏观投资效率全要素生产率变化及其具体分析如下：

（1）整体效率分析

2005—2016 年我国新能源产业宏观投资效率，即综合技术效率值（MI），呈"W 形"缓慢上升趋势，年平均增长 3%。2007—2008 年综合技术效率小于 1，且出现下滑趋势。这一方面是受金融危机的影响，新能源消费市场需求不足，尤其是欧洲市场出现较大波动，我国经济和就业增长受影响；另一方面是技术进步出现大幅下滑，2007 年和 2008 年技术进步指数分别为 0.803 和 0.48，分别下降 19.7% 和 52%。2007—2008 年我国新能源产业处于起步摸索阶段，大部分技术主要依靠进口，随着规模扩大，遭遇美国和欧洲的限制，欧美国家只出口成套设备，对新能源核心技术进行封锁。随着我国自主技术的研发，2010—2011 年综合技术效率保持较快增长。2012 年和 2014 年，综合技术效率出现下滑，主要原因是受欧美对我国新能源产品的"双反"调查，导致我国"出口导向型"的发展模式遭遇市场的"滑铁卢"，不少企业出现兼并重组，如无锡尚德和江西赛维。2015—2016 年，综合技术效率得到提升，主要原因是我国调整了战略，加大了国内消费市场开发，促进了新能源产业发展。

（2）结构原因分析

从综合技术效率构成来看，技术进步效率小于规模效率，即我国主要是依靠规模效率变化来推动。技术进步效率值（TC）年平均减少幅度为 0.27%，整体呈现先增后减，最高为 2009 年的 1.411，而技术效率（EC）年平均增长 14.5%，最高为 2007 年的 1.916，增长幅度高达 91.6%，这主要与我国新能源产业发展战略有关。我国新能源产业发展起步晚，在发展初期，受他国制约和影响较多，自主核心技术也缺乏，同时面临《联合国气候大会》《京东议定书》和《巴黎气候大会》的"碳约束"指标，新能源产业发展能力受到限制，属于"被动"型发展战略，大量的技术、设备、原材料和市场都是空白的，技术和市场"两头在外"。因此，我国新能源产业主要依靠投资规模来推动产业发展。

（3）时间序列分析

将综合技术效率细分，可以看出技术进步效率和技术变化效率趋势，如图 5-3 所示。

从图 5-3 可以看出，从时序变动情况来看，新能源产业宏观投资效率整体水平较高，只有 4 年宏观投资效率小于 1，其他年份均大于 1。技术进步（TC）在 2008 年和 2009 年增长较快，增长幅度分别为 34.1% 和 41.1%，12 年中仅有 5 年技术进步值大于 1，其他 7 年都出现下滑，降幅最大的是 2007 年，降幅达 51.2%。从以上可看出，新能源产业技术进步效率波动较大，表明我国新能源产业技术水平不稳定，主要原因是我国新能源技术来源于外国进口，没有核心竞争力。

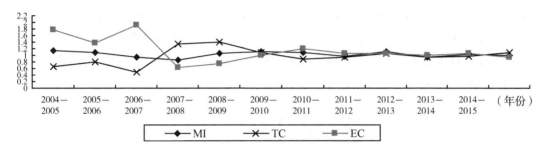

图 5-3　2005—2016 年我国新能源产业 MI、TC、EC 效率值

（4）技术效率变化分析

根据技术效率公式，将 EC＝PEC＊SEC，PEC 和 SEC 变化趋势见图 5-4。

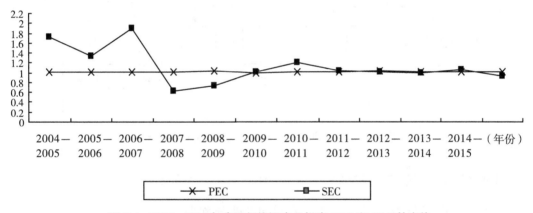

图 5-4　2005—2016 年我国新能源产业投资 PEC 和 SEC 效率值

从图 5-4 可以看出，纯技术效率变化不大，基本保持为 1，而纯规模效率变化波动较大，经历了先增长，后下降，最后稳定在 1 附近。纯技术效率变化和纯规模效率变化平均值分别为 1.014 和 1.13，年均增长率分别为 1.4% 和 13%。纯技术效率变化不大，且稳定在 1 附近，年均增长率为 1.4%，说明我国新能源产业投资管理水平较为稳定。纯规模效率在发展初期波动较大，年均增长率为 13%，说明刚开始我国新能源产业投资规模管理不完善，主要原因是在多个地方政府"招商引资"的吸引下，大量的新能源项目开工建设，因规模管理经验不足，导致波动较大，后期经过多年来经验的积累，最后趋于稳定。

5.4　本章小结

上述分别运用 SE-MinDS 模型和 Malmquist 模型从静态和动态角度分析了我国新能源

产业宏观投资效率。静态分析中，从投入角度来看，我国新能源产业投资规模未出现冗余过量的情况，仅在 2014 年和 2015 年存在投资减少的情况。从产出角度来看，整体呈现产出不足情况，未能实现最优配置。动态分析中，规模效率对投资效率的贡献比技术进步大，但也存在技术进步慢、投资管理能力缺乏和投资规模波动等问题。静态分析和动态分析逻辑图见图 5-5 所示。

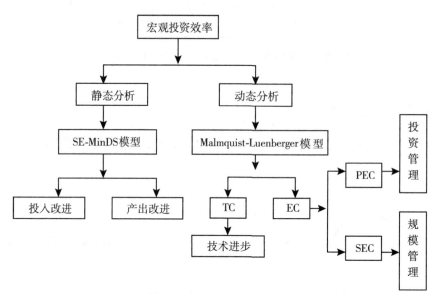

图 5-5　我国新能源产业宏观投资效率分析示意图

通过对新能源产业宏观投资效率的实证分析，本章小结如下：

（1）对我国新能源产业是否"投资过度"进行判断

当前我国新能源产业投资整体上不存在"投资过度"问题，仅在 2014 年和 2015 年存在冗余投资，冗余比例分别为 9.01% 和 22.8%。在 2004 年还出现投资不足的情况，增加投资比例可达 182.99%。随着投资规模收益的下降，需适当控制投资规模。

（2）宏观投资效率整体呈上升趋势

2005—2016 年，我国新能源产业宏观投资效率整体较好，年平均增长 3%，波动呈缓慢上升趋势。2007—2008 年，综合技术效率小于 1，且出现下滑趋势，主要是受金融危机影响和欧洲市场波动影响，导致全球新能源消费市场需求不足。

（3）技术进步是提高宏观投资效率最有效的方法

当前，我国新能源主要依靠规模效率推动，技术进步推动贡献较小。虽然经过 20 多年的发展，我国自主研发技术水平得到一定的提升，但还没掌握新能源产业发展核心技术。从上述实证分析可知，加快技术进步是最有效的办法。

(4)动态效率较静态效率更高

通过运用 SE-MinDS 模型和 Malmquist 模型对我国新能源产业宏观投资静态效应和动态效应进行分析，从结果来看，两个方法得出的趋势基本一致，但动态效率指标整体高于静态效率，主要原因是动态效应指标考虑技术效率变化和技术进步因素，强调了技术的连续性和完整性。因此，需保持新能源产业政策的稳定性才可以有效提高宏观投资效率。

6 我国新能源产业投资宏观经济效应的实证分析

6.1 基于 VAR 模型的我国新能源产业投资宏观经济效应分析

本章节主要探讨我国新能源产业投资对宏观经济效应的影响，并测算投资与宏观经济效应的因果关系和相关系数。拟用向量自回归模型（VAR 模型）和格兰杰因果关系检验来分析各指标间的关系，指标包括新能源产业投资、经济产出、新能源就业人数、碳排放强度和新能源消费占比。因数据资料不完善，不足以进行全面实证分析，为此笔者将该实证研究分为两组，进行格兰杰因果关系和 VAR 检验，一组是测算新能源产业投资对经济增长和新能源就业的影响，另一组是测算新能源产业投资对经济可持续发展和能源经济安全的影响。

6.1.1 模型构建

（1）VAR 模型简介

VAR 模型由克里斯托弗·西姆斯（Christopher Sims）①提出，可以估计多个变量，VAR（p）模型的数学表达式如模型（6-1）：

$$y_t = \phi_1 y_{t-1} + \cdots + \phi_p y_{t-p} + H x_t + \varepsilon_t, \quad t = 1, 2, \cdots, T \tag{6-1}$$

其中 y_t 表示 k 维内生变量列向量，x_t 表示 d 维外生变量列向量，P 表示滞后阶数，T 表示样本的个数。$\kappa \times \kappa$ 维矩阵 Φ_1，$\cdots$，Φ_p 和 $\kappa \times d$ 维矩阵 H 是待估计的系数矩阵。ε_t 是扰动列向量。将模型（6-1）展开成矩阵时，可表示为模型（6-2）：

$$\begin{pmatrix} y_{1t} \\ y_{2t} \\ \vdots \\ y_{kt} \end{pmatrix} = \phi_1 \begin{pmatrix} y_{1t-1} \\ y_{2t-1} \\ \vdots \\ y_{kt-1} \end{pmatrix} + \cdots \phi_p \begin{pmatrix} y_{1t-p} \\ y_{2t-p} \\ \vdots \\ y_{kt-p} \end{pmatrix} + \begin{pmatrix} x_{1t} \\ x_{2t} \\ \vdots \\ x_{dt} \end{pmatrix} + \begin{pmatrix} \varepsilon_{1t} \\ \varepsilon_{2t} \\ \vdots \\ \varepsilon_{kt} \end{pmatrix} \quad t = 1, 2, \cdots, T \tag{6-2}$$

---

① Sim, C. An Autoregressive Index Model for the U. S. 1948-1975 [J]. Large-Scale Marco-Economy Models, 1981.

（2）脉冲响应函数

脉冲响应函数是 VAR 模型的一项重要功能，描述的是当 VAR 模型受到某种冲击时，这种冲击对内生变量的当期值和未来值所带来的影响。两个变量构成的 VAR 模型可以表述为模型(6-3)：

$$x_t = \alpha_1 x_{t-1} + \alpha_2 x_{t-2} + b_1 z_{t-1} + b_2 z_{t-2} + \varepsilon_{1t},$$
$$z_t = c_1 x_{t-1} + c_2 x_{t-2} + d_1 z_{t-1} + d_2 z_{t-2} + \varepsilon_{2t}, \qquad t = 1, 2, \cdots, T \qquad (6\text{-}3)$$

令随机项 $\varepsilon_t = (\varepsilon_{1t}, \varepsilon_{2t})$，且假定：

$$E(\varepsilon_{it}) = 0 (i = 1, 2), \ \mathrm{Var}(\varepsilon_t) = E(\varepsilon_t \varepsilon_t') = \sum, \ E(\varepsilon_{it}, \varepsilon_{is}) = 0 (t \neq s)$$

进一步假定模型(6-3)中的 VAR 模型所反映的系统从第 0 期开始活动，其中假定 $x_{-1} = x_{-2} = z_{-1} = z_{-2}$。假定第 0 期扰动项 $\varepsilon_{10} = 1$，$\varepsilon_{20} = 0$，其后两扰动项均为 0，则当 $t = 0$ 时，$x_0 = 1$，$z_0 = 0$，当 $t = 1$ 时，$x_1 = \alpha_1$，$z_0 = c_1 \cdots$ 这样计算下去，求得的结果 $x_0, x_1, x_2, \cdots$ 称为由 x 的脉冲引起的 x 的响应函数。同样求得的 $z_0, z_1, z_2, \cdots$ 称为 x 的脉冲引起的 z 的响应函数。

（3）方差分解

方差分解也是 VAR 模型的一项重要功能，通过分析每一个结构冲击对内生变量变化的贡献程度，进而评价不同结构冲击的重要性。Sims 于 1980 年给出方差分解的思路，根据 VAR 模型滞后算子的表达式的变形如模型(6-4)：

$$y_t = C(L) \varepsilon_t \qquad (6\text{-}4)$$

其中：

$$C(L) = C_0 + C_1 L + C_2 L^2 + \cdots C_h L^h + \cdots (C_0 = I_k)$$
$$C_h = (c_1^{(h)}, c_2^{(h)}, \cdots, c_i^{(h)}, \cdots, c_k^{(h)})^{\mathrm{T}} (h = 1, 2, \cdots, \infty; i = 1, 2, \cdots k)$$
$$c_h = (c_{i1}^{(h)}, c_{i2}^{(h)}, \cdots, c_{ij}^{(h)}, \cdots, c_{ik}^{(h)}) (j = 1, 2, \cdots k)$$

所以有模型(6-5)：

$$y_{it} = \sum_{j=1}^{k} (c_{ij}^{(0)} \varepsilon_{jt} + c_{ij}^{(1)} \varepsilon_{jt-1} + c_{ij}^{(0)} \varepsilon_{jt-2} + \cdots) \qquad (6\text{-}5)$$

因为扰动项向量 ε_t 的协方差矩阵是对角矩阵，模型(6-5)可变形为模型(6-6)：

$$\mathrm{Var}(y_{it}) = \sum_{j=1}^{k} (\sum_{h=0}^{\infty} (c_{ij}^{(h)})^2 \sigma_{jj}) \qquad (6\text{-}6)$$

其中 σ_{jj} 为 ε_t 的协方差矩阵中的对角线上的第 j 个元素。对于 h，实际上不可能取到 ∞，因为 $c_{ij}^{(h)}$ 会随着 h 的增大而呈几何级数性的递减，所有 h 只需取有限的 s 项即可。因此可以将相对贡献率(RVC)定义为第 j 个变量基于冲击的方差对 y_i 的方差的相对贡献程度，可表述为模型(6-7)：

$$\text{RVC}_{j \to i(s)} = \frac{\sum_{h=1}^{s-1} (c_{ij}^{(h)})^2 \sigma_{jj}}{\text{Var}(y_{it})} = \frac{\sum_{h=0}^{s-1} (c_{ij}^{(h)})^2 \sigma_{ij}}{\sum_{j=1}^{k} \left\{ \sum_{q=0}^{s-1} (c_{ij}^{(h)})^2 \sigma_{jj} \right\}} \tag{6-7}$$

显然：$0 \le \text{RVC}_{j \to i(s)} \le 1$，且 $\sum_{j=1}^{k} \text{RVC}_{j \to i(s)} = 1$，$\text{RVC}_{j \to i(s)}$ 值越大，意味着第 j 个变量对第 i 个变量的影响越大。

6.1.2 变量选取与数据来源说明

（1）变量选取

变量包括新能源产业投资额、经济产出、新能源就业、碳排放强度、新能源消费比例、宏观投资效率指数等。

新能源产业投资额：主要包括地热能、风能、太阳能、生物质能等新能源产业的投资金额，用 tz 表示。

经济产出：为国内生产总值，用 GDP 表示，单位为亿美元。

新能源就业：主要包括太阳能、风能、地热能、生物质能等新能源产业的就业人数，用 jy 表示，单位为千人。

碳排放强度：碳排放强度为每单位 GDP 二氧化碳排放量，用 pfqd 表示。

新能源消费比例：一国新能源消费量占能源消费总量的比例，用 xfzb 表示。

宏观投资效率指数：该指标用第五章动态 Malquist 指数，用 tzxl 表示。

（2）数据来源说明

本书所用数据主要来自世界银行数据库、国际能源署以及各国统计年鉴。鉴于数据的可得性，本节最终选择 2004—2016 年的时间序列数据进行分析。其中经济产出数据均来自世界银行，GDP 以 2004 年为基期进行平减。投资额、就业人数数据来自 *Renewables 2017 Golbal Status Report*①，为剔除价格因素，投资金额按 2004 年通货膨胀指数进行平减。新能源消费比例和碳排放量来自 *Statistical Review of World Energy*②。为了使研究具有代表性，在新能源产业的选择上，因数据的原因，笔者仅仅找到了地热能、风能、太阳能、生物质能四种能源的有效数据，故在实证研究时仅针对这四种新能源产业进行实证分析。

6.1.3 新能源产业投资对经济增长和新能源就业的影响分析

为分析新能源产业投资对经济增长和新能源就业的影响程度，变量有新能源产业投

---

① 资料来源：www.ren21.net。
② 资料来源：www.bp.com/statistical review。

资、宏观投资效率、GDP、新能源就业。

（1）矢量自回归模型分析

①序列平稳性的单位根检验。为避免"伪回归"，笔者首先进行时间序列平稳性单位根检验，只有平稳序列，才能进行下一步分析。

采用 ADF 单位根检验。利用 Eviews6.0 对各序列进行 ADF 检验，结果如表 6-1 所示。序列 ln tz、ln gdp、ln jy、ln tzxl 和其一阶差分序列在 10%的显著水平下都不能拒绝存在单位根的原假设，所以序列 ln tz、ln gdp、ln jy、ln tzxl 及其一阶差分序列都是非平稳的。原序列的二阶差分序列在 1%的显著水平下 ADF 值均小于临界水平值，因此 ln tz、ln gdp、ln jy、ln tzxl 二阶差分序列均通过单位根检验是平稳序列，则 ln tz、ln gdp、ln jy、ln tzxl 均为二阶单整序列。

表 6-1　　　　　　　　　　　　　　　单位根检验

变量	ADF 值	检验类型 (c, t, k)	临界值			结论
			1%	5%	10%	
ln tz	-3.38	(c, t, 3)	-4.00	-3.09	-2.69	非平稳
D(ln tz)	-4.3	(c, t, 3)	-3.95	-3.08	-2.68	非平稳
D^2(ln tz)	-4.53	(c, t, 3)	-4.05	-3.11	-2.7	平稳
ln gdp	0.78	(c, 0, 1)	-1.08	-2.79	-1.6	非平稳
D(ln gdp)	-5.57	(c, t, 2)	-5.29	-4.01	-3.46	平稳
D^2(ln gdp)	-5.66	(c, t, 2)	-5.52	-4.11	-3.52	平稳
ln jy	5.98	(c, 0, 1)	-2.72	-1.96	-1.61	非平稳
D(ln jy)	-1.45	(c, 0, 1)	-2.73	-1.97	-1.61	非平稳
D^2(ln jy)	-5.17	(c, 0, 1)	-2.75	-1.97	-1.6	平稳
ln tzxl	-1.97	(c, 0, 1)	-2.72	-1.96	-1.61	非平稳
D(ln tzxl)	-4.19	(c, 0, 1)	-2.74	-1.96	-1.6	非平稳
D^2(ln tzxl)	-6.48	(c, 0, 1)	-2.75	-1.97	-1.6	平稳

注：在(c, t, k)中，c 表示常数项，t 表示趋势项，k 表示滞后期数，k 由 AIC 准则确定。

（2）格兰杰因果关系检验

在建立 VAR 模型之前，需要对变量进行格兰杰因果关系检验，检验的目的不在于确定变量 [x_t] 与 [y_t] 之间的因果关系，而是探讨自变量的滞后期对因变量的影响，侧重的是一种预测效果。

首先，建立 y_t 关于 y 及 x 滞后变量的回归模型，如下：

$$y_t = c + \sum_{i=1}^{n} \alpha_i x_{t-j} + \sum_{j=1}^{n} \beta_i x_{t-j} + \varepsilon_t \qquad (6\text{-}8)$$

其中 c 为常数项，α_i，β_i 为回归系数，ε_t 是白噪声项，并且滞后期 n 的选取具有随机性。

检验原假设"H_0：x 不是 y 格兰杰原因"等价"$H_0 = \beta_1 = \beta_2 = \cdots = \beta_n = 0$"。

然后用滞后回归模型的残差平方和 RSS_1 与该模型成立时的残差平方和 RSS_0 构造 F 统计量：

$$F = \frac{(RSS_0 - RSS_1)/n}{RSS_1/(N - 2n - 1)} \qquad (6\text{-}9)$$

在原假设 H_0 成立的条件下，F 统计量服从第一个自由度为 n，第二个自由度为 $N - 2n - 1$ 的 F 分布，及 F：$F(n, N - 2n - 1)$，其中 n 为样本容量。

如果 F 大于显著水平 α 下的 F 临界值 $F_\alpha(n, N - 2n - 1)$，则 β_1，β_2，$\cdots$，β_n 显著不为零，应拒绝原假设"H_0：x 不是 y 格兰杰原因"。反之，则不能拒绝原假设"H_0：x 不是 y 格兰杰原因"。在此，通过以上方法对本书相关变量进行 Granger 因果关系检验，结果如表 6-2 所示。

表 6-2   因果关系检验

原假设	F 统计量	显著性概率	结论
ln tz 不是 ln gdp 的格兰杰原因	13.297	0.0015***	拒绝
ln gdp 不是 ln tz 的格兰杰原因	2.732	0.1131	接受
ln tz 不是 ln jy 的格兰杰原因	0.219	0.8068	接受
ln jy 不是 ln tz 的格兰杰原因	1.642	0.2417	接受
ln gdp 不是 ln jy 的格兰杰原因	4.059	0.0512*	拒绝
ln jy 不是 ln gdp 的格兰杰原因	0.272	0.767	接受
ln tz 不是 ln tzxl 的格兰杰原因	5.473	0.02484**	拒绝
ln tzxl 不是 ln tz 的格兰杰原因	1.351	0.3025	接受
ln tzxl 不是 ln gdp 的格兰杰原因	3.587	0.0669*	拒绝
ln gdp 不是 ln tzxl 的格兰杰原因	2.234	0.1572	接受
ln tzxl 不是 ln jy 的格兰杰原因	0.103	0.9031	接受
ln jy 不是 ln tzxl 的格兰杰原因	15.37	0.0009***	拒绝

注：***、**、* 分别表示在 1%、5% 和 10% 显著水平下存在格兰杰因果关系。

从表 6-2 可以得出以下结论：第一，在 1% 的显著水平下，ln tz 和 ln gdp 为单向格兰杰因果关系，即新能源产业投资能拉动 GDP 产出，这种关系比较符合现实经济。在我国很多地方，新能源产业成为拉动经济增长的引擎。第二，在 5% 的显著水平下，ln tz 与 ln tzxl 存在单向格兰杰因果关系，即新能源投资能促进宏观投资效率的提升，由于宏观投资效率包括经济、社会和环境因素，因此新能源投资不仅能促进经济增长，而且能提高新能源消费量和减少碳排放。第三，在 10% 的显著水平下，ln gdp 与 ln jy 存在单向因果关系，即经济增长能促进新能源就业，原因在于经济发达地区条件好，技术设备先进，产业工人基础强，能促进当地新能源产业发展。第四，在 1% 的显著水平下，ln jy 与 ln tzxl 成单向因果关系，即新能源就业人数的提高有利于新能源产业宏观投资效率的提升，这主要是因为新能源就业本身就是宏观投资效率的一个产出指标，提升就业人数，显然对宏观投资效率有积极的影响。

(3) VAR 模型估计及稳定性分析

根据 ADF 单位根检验的结果可知，ln tz、ln gdp、ln jy、ln tzxl 均为二阶单整序列。由此，可以建立 VAR(p) 模型。根据五项评价指标(LR 准则、FPE 准则、AIC 准则、SC 准则和 HQ 准则)显示，四项指标显示最佳滞后期为 2 期，本书变量的滞后期值定为 2，用 Eviews6.0 分析可得如下 VAR(2) 模型的估计结果：

$$
\begin{bmatrix} \ln tz \\ \ln gdp \\ \ln jy \\ \ln tzxl \end{bmatrix} = \begin{bmatrix} -7.24 \\ 3.3 \\ -4.94 \\ -5.15 \end{bmatrix} + \begin{bmatrix} 0.29 & 1.98 & 0.91 & -0.85 \\ -0.03 & 0.38 & -0.05 & 0.11 \\ -0.22 & -1.51 & 0.59 & 0.01 \\ -0.06 & -0.37 & -0.96 & 0.44 \end{bmatrix} \begin{bmatrix} \ln tz_{t-1} \\ \ln gdp_{t-1} \\ \ln jy_{t-1} \\ \ln tzxl_{t-1} \end{bmatrix}
$$

$$
+ \begin{bmatrix} 0.1 & -1.02 & -1.12 & -0.12 \\ 0.09 & 0.34 & 0.06 & 0.09 \\ 0.04 & 2.31 & -0.12 & 0.06 \\ -0.11 & 0.88 & 0.94 & -0.65 \end{bmatrix} \begin{bmatrix} \ln tz_{t-2} \\ \ln gdp_{t-2} \\ \ln jy_{t-2} \\ \ln tzxl_{t-2} \end{bmatrix} + \varepsilon_t
$$

(6-10)

(R-squared = 0.992，F-statistic = 62.3808，AIC 为 -0.5804，SC 为 -0.1893)

VAR(2) 模型的检验结果显示，R^2 数值为 0.992，说明模型估计的四个方程拟合得非常好；而且 AIC 准则和 SC 准则均比较小，说明模型比较合理。为了更加准确地判断建立的 VAR(2) 模型的稳定性，采用 AR 单位根图来判断，如图 6-1 所示。

图 6-1 中单位圆内的点表示 AR 特征根倒数的模，并且均位于单位圆内，因此建立的 VAR(2) 模型是稳定的，当模型中某个变量产生一个冲击时，其他变量会发生相应改变，但随着时间推移，这种冲击的产生应会逐步消失，系统趋于稳定。

根据以上建立的 VAR(2) 模型，能够得到如下结论：

①新能源产业投资对 GDP 产出影响。新能源产业投资滞后 1 期和滞后 2 期对 GDP 产出影响系数分别为 -0.03 和 0.09，这说明新能源产业投资短期内对 GDP 产出影响为负向关系，长期来看会促进经济增长。这主要是各地方政府官员任期较短，短时间内追逐"政

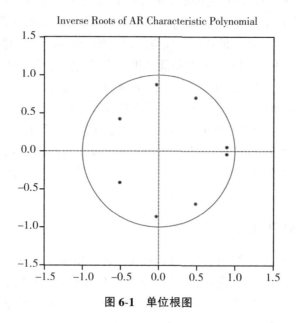

图 6-1　单位根图

绩"和 GDP 考核排名有关，而新能源产业项目周期一般需要 5~8 年，造成这些项目短时间难以投产，有的甚至成为"僵尸项目"。新任官员需要新增项目完成业绩考核，对旧项目积极性不高，而是寻找"新项目"另起炉灶，短期内对地方经济促进作用不大，但长远来看，随着新能源项目相继投产，对经济的促进作用较大。

②新能源产业投资对新能源产业就业的影响。新能源产业投资滞后 1 期和滞后 2 期对新能源产业就业的影响系数分别为−0.22 和 0.04，这说明新能源产业投资短期内不能增加新能源产业就业人数，后期对新能源产业就业有积极影响。其原因主要是短期内新能源产业项目大量上马，而市场供给人员不足，短期招聘的人员技术不熟练，不能马上适应岗位，但长期来看，新能源产业投资能促进就业。

③宏观投资效率对 GDP 产出和就业的影响。新能源产业宏观投资效率滞后 1 期和滞后 2 期对 GDP 产出的影响系数分别为 0.11 和 0.09，这说明，新能源产业宏观投资效率能促进 GDP 产出的增加，滞后 2 期影响幅度小于滞后 1 期。新能源产业宏观投资效率滞后 1 期和滞后 2 期对新能源产业就业的影响系数分别为 0.01 和 0.06，这说明，新能源产业宏观投资效率能促进新能源产业就业人数的增加，滞后 1 期影响小于滞后 2 期。

（4）基于 VAR 模型的脉冲响应函数

以上通过 VAR(2)模型分析了新能源产业投资与宏观投资效率、GDP、新能源就业的关系，探讨了一个变量的变动对另外一个变量的影响。为了确定各变量之间的动态变化关系，通过脉冲响应函数来分析变量之间的动态影响关系，了解投资变动对各变量的冲击。

首先，考虑一个 k 阶向量自回归模型：

$$Y_t = \alpha + \beta_1 Y_{t-1} + \beta_2 Y_{t-2} + \cdots + \beta_k Y_{t-k} + \varepsilon_t \tag{6-11}$$

其中 $\{Y_t\}$ 为由内生变量组成的 n 维向量，α 为常数项，β_1，β_2，$\cdots$，β_n 为系数矩阵，ε_t 为误差向量，ψ 为方差矩阵。假设 $\{Y_t\}$ 为一个随机平稳序列，则(6-11)式自回归模型能够转化为一个无穷向量移动平均模型：

$$Y_t = c + \sum \delta_p \varepsilon_{t-p} \tag{6-12}$$

其中，c 为常数项，δ_p 为系数矩阵，并由(6-11)式的 α、β 求出。通过公式变换得出 (6-12) 式的过程可知，系数矩阵 δ_p 的第 i 行第 j 列元素表示第 i 个变量对第 j 个变量单位冲击的 p 期响应。由于 ε_t 的方差矩阵 ψ 为正定矩阵，故存在一个非奇异矩阵 Q，使得 $QQ' = \varphi$。由此，(6-12) 式可表示为：

$$Y_t = c + \sum (\delta_p Q)(Q^{-1}\varepsilon_{t-p}) = c + (\delta_p Q)\omega_{t-p} \tag{6-13}$$

经过变换，原误差项变成标准白噪声 ω，其系数矩阵的第 i 行第 j 列元素表示系统中第 i 个变量对第 j 个变量一个标准误差正交化冲击的 p 期脉冲响应。通过(6-13)式计算系统中一个变量对另一个变量冲击的脉冲响应。根据以上方法，利用 Eviews6.0 软件，求出各变量间的脉冲相应图，如图 6-2 所示。

从图 6-2 可以看出脉冲响应函数结果，新能源产业投资指标变动一个标准差后，GDP 产出在第 1 期和第 2 期为负数，分别为 -0.006 和 -0.0001；第 3 期为正数，在第 3 期达到最大，为 0.025；之后出现下滑，在第 5 期下滑至 -0.001；之后稳定在 0.005 左右，但都是正效应。该波动可以解释为：由于投资具有一定的时滞性，从投资决策到产生效果，一般为 2~3 年，在第 3~4 年效果最大，符合此处在第 3 期达到最大效果。

新能源产业投资对新能源产业就业的脉冲响应在第 1 期最低为 -0.18，在第 6 期为正，在第 6 期达到最高 0.018，第 8 期为 -0.004，之后出现上升趋势，趋于稳定，都是正效应。可解释为：投资从建设到投产所需时间较长，前期建设所需人员主要是建筑工人，未含在新能源产业就业统计范围内，到建设快完成时，企业开始招聘员工，符合第 4 期为正的预期，也符合项目建设投资周期。

（5）方差分解分析

脉冲响应函数捕捉的是一个变量的冲击对另一个变量的动态影响，而方差分解可以将 VAR 模型系统内一个变量的方差分解到各个扰动项上。

根据(6-13)式，对 k 阶滞后向量组成的 VAR 模型的 s 期预测误差为：

$$\text{Var}[Y_{t+s} - E(Y_{t+s}|Y_t, Y_{t-1}, Y_{t-2}, \cdots)] = \varepsilon_{t+s} + \delta_1\varepsilon_{t+s-1} + \delta_2\varepsilon_{t+s-2} + \cdots + \delta_{s-1}\varepsilon_{t+1} \tag{6-14}$$

则(6-14)式的均方误差为：

$$\text{MES} = \varphi + \delta_1\varphi\delta_1' + \cdots + \delta_s\varphi\delta_{s-1}' = QQ' + \delta_1 QQ'\delta_1' + \cdots\delta_s QQ'\varphi\delta_{s-1}'$$

$$= \sum_{j-1}^{k} (Q_j Q_j' + \delta_1 Q_j Q_j'\delta_1' + \cdots\delta_s Q_j Q_j'\varphi\delta_{s-1}') \tag{6-15}$$

其中，Q_j 表示矩阵 Q 的第 j 列向量，(6-15) 式括号内多项式表示第 j 个正交化冲击对

Response to Cholesky One S.D. Innovations ± 2 S.E.

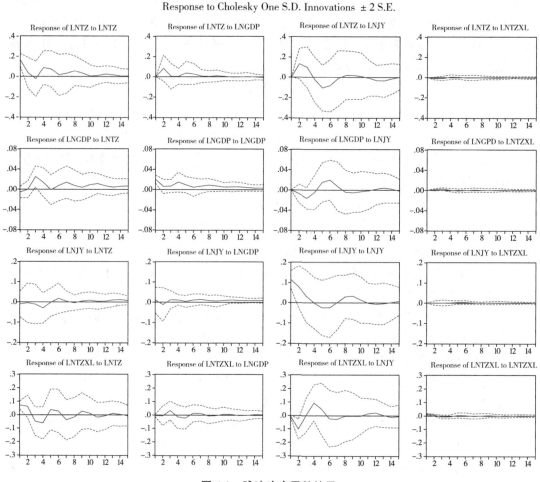

图6-2　脉冲响应函数结果

第 s 期预测均方差的贡献情况。方差分解将 VAR 系统中任意一个内生变量的预测均方误差分解成系统中各变量的随机冲击所作的贡献，再通过计算，得出每一个变量冲击的相对重要性，即每个变量的贡献占总贡献的比率。根据时间的变化，可以估计出该变量的作用时滞及各变量效应的相对大小。

根据上述理论方法，在建立的 VAR(2)模型中进行方差分解分析，以测算各内生变量对彼此波动的相对贡献率，见表6-3。

由表6-3可以看出 ln tz 对 ln gdp、ln jy 和 ln tzxl 的方差结果，在 GDP 产出影响中，新能源产业投资对 GDP 产出影响逐步增大，第1期为7.29%，后面稳定在36%左右。新能源产业投资对新能源产业就业影响在第3期上升最快，第4期达到5.21%，之后稳定在6%左右。因此，长期来看，稳定和有序地开放新能源产业投资可以有效提高 GDP 产出和就业人数。

表 6-3   **新能源产业投资对 GDP 和就业方差分析结果**

	Variance Decomposition of ln gdp				Variance Decomposition of ln jy				Variance Decomposition of ln tzxl			
Period	ln tz	ln gdp	ln jy	ln tzxl	ln tz	ln gdp	ln jy	ln tzxl	ln tz	ln gdp	ln jy	ln tzxl
1	7.29	92.71	0.00	0.00	0.76	0.74	98.50	0.00	95.69	0.36	0.47	3.48
2	6.07	84.30	9.24	0.39	0.63	1.21	98.16	0.00	45.82	0.29	52.72	1.18
3	44.45	33.43	21.47	0.65	1.21	1.80	96.99	0.01	49.02	4.97	44.79	1.22
4	44.51	37.14	17.82	0.53	5.21	2.28	92.50	0.01	42.19	3.74	53.18	0.88
5	38.13	35.81	25.56	0.50	5.07	2.28	92.58	0.06	41.23	4.71	53.23	0.83
6	33.67	30.39	35.52	0.41	6.18	2.68	91.02	0.12	41.58	4.90	52.69	0.83
7	36.97	28.94	33.70	0.39	6.18	3.48	90.21	0.12	42.69	5.03	51.47	0.80
8	36.92	30.10	32.60	0.38	5.99	3.66	90.23	0.12	43.10	5.07	51.04	0.79
9	36.34	30.81	32.49	0.37	5.81	3.65	90.42	0.11	43.95	5.03	50.21	0.80
10	37.56	30.49	31.60	0.36	6.01	3.91	89.96	0.12	44.08	5.13	50.00	0.80

6.1.4 新能源产业投资对经济可持续发展和能源经济安全的影响分析

运用 6.1.3 节方法对经济可持续发展和能源经济安全进行效应分析，因变量包括新能源产业投资、碳排放强度、新能源消费比例和能源强度。分析过程如下。

(1)矢量自回归模型分析

①序列平稳性的单位根检验。运用 ln tz、ln pfqd、ln nyqd、ln xfzb 四个变量来衡量经济可持续发展和能源经济安全效应，碳排放强度(ln pfqd)和能源强度(即单位 GDP 能耗 ln nyqd)代表经济可持续发展效应，新能源消费占比(ln xfzb)代表能源经济安全。利用 Eviews6.0 对各序列进行 ADF 检验，四个变量 ln tz、ln pfqd、ln nyqd、ln xfzb 存在二阶单整序列。

②Granger 因果关系检验。对相关变量进行因果关系检验，结果如表 6-4 所示：

表 6-4   **因果关系检验**

原假设	F 统计量	显著性概率	结论
ln tz 不是 ln pfqd 的格兰杰原因	7.685	0.0159**	拒绝
ln pfqd 不是 ln tz 的格兰杰原因	1.663	0.2196	接受

续表

原假设	F 统计量	显著性概率	结论
ln tz 不是 ln nyqd 的格兰杰原因	3. 806	0. 0729*	拒绝
ln nyqd 不是 ln tz 的格兰杰原因	2. 086	0. 1723	接受
ln tz 不是 ln xfzb 的格兰杰原因	4. 995	0. 0436**	拒绝
ln xfzb 不是 ln tz 的格兰杰原因	2. 597	0. 1311	接受
ln pfqd 不是 ln nyqd 的格兰杰原因	9. 332	0. 0092***	拒绝
ln pfqd 不是 ln xfzb 的格兰杰原因	12. 866	0. 0033***	拒绝
ln nyqd 不是 ln xfzb 的格兰杰原因	19. 105	0. 0008***	拒绝

注：***、**、*分别表示在 1%、5%、10%显著水平下存在格兰杰因果关系。

从表 6-4 可以得出以下结论：

经济可持续发展结果分析：第一，在 5%显著水平下，新能源产业投资(ln tz)和碳排放强度(ln pfqd)为单向格兰杰因果关系，即新能源产业投资促进碳排放强度的降低。新能源产业作为绿色产业，拉动绿色 GDP 增长，与碳排放强度(单位 GDP 能耗)呈反向关系，说明碳排放增长速度小于 GDP 增长速度。第二，在 10%显著水平下，ln tz 和 ln nyqd 为单向格兰杰因果关系，即新能源产业投资能促进单位 GDP 能耗下降。这说明能源消耗增长速度小于 GDP 增长速度。第三，在 1%显著水平下，ln pfqd 和 ln nyqd 存在单向格兰杰因果关系，即碳排放强度的降低能促进能源强度的减少，通过减少碳排放可以降低能源消耗。通过以上分析，可以得出新能源产业投资对碳排放强度和能源强度具有较强的因果关系。因此，引导新能源产业投资对经济的可持续发展具有重要意义。

能源经济安全效应分析：在 5%显著水平下，ln tz 和 ln xfzb 存在单向格兰杰因果关系，即新能源产业投资能提升新能源消费比例。新能源消费占比的提高对我国经济能源安全有着积极的影响，既保障了能源持续供给，又稳定了能源价格。

在 1%显著水平下，ln pfqd 和 ln nyqd 与 ln xfzb 存在单向格兰杰因果关系，即碳排放强度和能源强度减少有利于提升新能源消费占比。随着新能源产业项目相继投产，碳排放强度和能源消耗强度逐步降低，新能源消费占比得到提高，将有助于提升能源经济安全。

(2) VAR 模型估计及稳定性分析

根据 ADF 单位根检验结果，ln tz、ln pfqd、ln nyqd、ln xfzb 均为二阶单整序列。由此，可以建立 VAR(p)模型。根据五项评价指标(LR 准则、FPE 准则、AIC 准则、SC 准则和 HQ 准则)显示，四项指标显示最佳滞后期为 2 期，本书变量的滞后期值定为 2，用 Eviews6. 0 分析可得如下 VAR(2)模型的估计结果。

$$\begin{bmatrix} \ln tz \\ \ln pfqd \\ \ln xfzb \\ \ln nyqd \end{bmatrix} = \begin{bmatrix} 5.02 \\ 0.22 \\ 5.05 \\ 4.65 \end{bmatrix} + \begin{bmatrix} 0.91 & -1.03 & -1.52 & 1.38 \\ -0.05 & 1.26 & 0.54 & -0.26 \\ 0.28 & -1.16 & -1.18 & 0.84 \\ 0.22 & -0.29 & -1.07 & 1.05 \end{bmatrix} \begin{bmatrix} \ln tz_{t-1} \\ \ln pfqd_{t-1} \\ \ln xfzb_{t-1} \\ \ln nyqd_{t-1} \end{bmatrix}$$
$$+ \begin{bmatrix} -0.04 & 0.13 & 0.12 & -0.99 \\ -0.005 & -0.61 & -0.58 & 0.5 \\ -0.25 & 0.82 & 1.24 & -1.3 \\ -0.23 & 0.35 & 0.41 & -0.79 \end{bmatrix} \begin{bmatrix} \ln tz_{t-2} \\ \ln pfqd_{t-2} \\ \ln xfzb_{t-2} \\ \ln nyqd_{t-2} \end{bmatrix} + \varepsilon_t \quad (6\text{-}16)$$

(R-squared = 0.9867, F-statistic = 55.459, AIC 为 0.5568, SC 为 0.9816)

VAR(2)模型的检验结果显示, R^2 数值为 0.9867, 说明模型估计的四个方程拟合得非常好; 而且 AIC 准则和 SC 准则均比较小, 说明模型比较合理。为了更加准确地判断建立的 VAR(2)模型的稳定性, 采用 AR 单位根图来判断, 如图 6-3 所示。

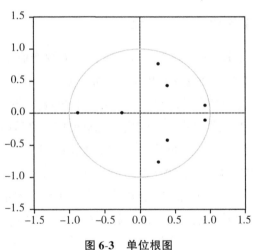

Inverse Roots of AR Characteristic Polynomial

图 6-3　单位根图

图 6-3 中单位圆内的点表示 AR 特征根倒数的值, 且均位于单位圆内, 因此建立的 VAR(2)模型是稳定的, 当模型中某个变量产生一个冲击时, 其他变量会发生相应改变, 但随着时间的推移, 这种冲击产生的效应会逐步消失, 系统趋于稳定。

根据以上的 VAR(2)模型, 能够得到如下结论:

①新能源产业投资对碳排放强度有影响。新能源产业投资滞后 1 期和滞后 2 期对碳排放强度的影响系数分别为 -0.05 和 -0.005。这说明新能源产业投资对碳排放强度减少有重要作用, 短期效应强于长期效应。大量新能源项目的投产在短期内对碳排放有减少作用, 长期来看与新能源弃风和弃光现象有关, 新能源发电不能全部并网, 利用不充分, 碳排放

减少幅度放缓。

②新能源产业投资对能源强度有影响。新能源产业投资滞后 1 期和滞后 2 期对能源强度的影响系数分别为 0.22 和-0.23。这说明短期内新能源产业投资对能源强度有正向作用，长期来看对能源强度减少有重要作用。这主要是由于大量新能源产业投资本身能耗较大，短期内这些能源还需依靠化石能源来补充，如光伏炼硅需要消耗大量的能源，但长期来看，随着新能源项目投产并网，生产的能源大于自身化石能源的消耗，也可以促进其他产业以新能源作为补充能源。

③新能源产业投资对新能源消费比重有影响。新能源产业投资滞后 1 期和滞后 2 期对新能源消费比例的影响系数分别为 2.28 和-0.25，说明短期内新能源产业投资对提高新能源消费比例有积极的正向影响，长期来看对提高新能源消费比例有负向作用。其主要原因是，在政府的大力提倡下，短期内全国各个地方相继投资新能源项目，并且鼓励使用新能源，提高了新能源的使用比例，如启动的屋顶计划、金太阳工程。长期来看，随着大量新能源项目的投产，造成产能过剩，加上化石能源垄断地位，出现阻挠并网和弃网现象，反而对新能源消费占比的提高有负向作用。

（3）基于 VAR 模型的脉冲响应函数

根据 VAR(2)模型，利用 Eviews6.0 软件，求出新能源产业投资与碳排放强度、新能源消费占比和单位 GDP 能变量间的脉冲相应图，如图 6-4 所示。

从图 6-4 可以看出脉冲响应函数结果，新能源产业投资变动一个标准差，其他变量的脉冲表现如下：第一，碳排放强度在第 4 期内出现负反应，之后稳定在-0.03 左右。该波动可以解释为：由于投资具有一定的时滞性，从新能源产业项目投产到发挥作用需要时间。第二，新能源消费占比脉冲响应第 2 期最高 0.04，之后呈"W 形"走势，但基本为正数，具有正向提升作用。第三，能源强度脉冲响应在第 1 期出现正作用，第 2 期达到最高 0.04，之后出现下降趋势，第 3 期为零，之后稳定在-0.03 左右。

（4）方差分解分析

对各内生变量进行方差分解，比较相对贡献率。

由表 6-5 可以看出，第一，新能源产业投资对碳排放强度减少贡献率从第 1 期的 53.32%上升至第 10 期的 78.34%，贡献率超过三分之二，说明新能源产业投资对碳排放强度减少有重要影响。第二，新能源产业投资对新能源消费占比提高贡献率从第 1 期的 0.289%上升至第 10 期的 52.44%，贡献率超过二分之一，说明新能源产业投资对新能源消费占比影响作用很大。第三，新能源产业投资对能源强度减少贡献率从第 1 期的 14.75%上升至第 10 期的 46.44%，贡献率接近 50%，说明新能源产业投资对能源强度减少有积极的作用。

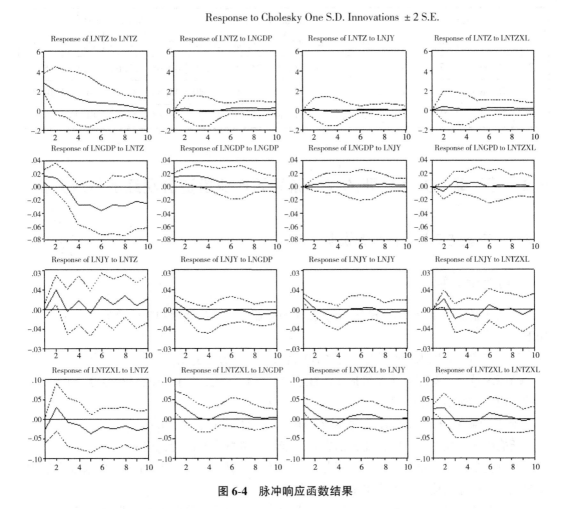

Response to Cholesky One S.D. Innovations ± 2 S.E.

图 6-4　脉冲响应函数结果

表 6-5   新能源产业投资对各指标方差分析结果

	ln pgqd 方差分解				ln xfzb 方差分解				ln nyqd 方差分解			
time	ln tz	ln pfqd	ln xfzb	ln nyqd	ln tz	ln pfqd	ln xfzb	ln nyqd	ln tz	ln pfqd	ln xfzb	ln nyqd
1	53.32	46.67	0	0	0.29	31.01	68.69	0	14.75	42.39	27.9	14.89
2	45.14	49.35	1.17	4.33	55.09	8.771	19.56	16.57	22.71	36.37	20.37	20.48
3	33.20	56.39	3.25	7.16	44.05	15.43	17.91	22.58	23.27	35.77	20.47	20.48
4	49.89	40.83	3.98	5.29	40.29	21.13	19.80	18.75	25.33	33.79	20.85	20.01
5	59.38	32.25	3.11	5.25	38.91	20.70	18.55	21.81	36.22	29.32	17.68	16.76
6	69.87	23.99	2.37	3.76	45.27	17.98	16.21	20.51	36.49	29.31	17.16	17.02

续表

ln pgqd 方差分解				ln xfzb 方差分解				In nyqd 方差分解			
7	73.10	21.39	2.14	3.35	46.04	17.71	16.05	20.18	39.07	28.30	16.42	16.11
8	75.66	19.27	2.19	2.87	50.95	16.79	14.75	17.50	40.68	27.65	15.94	15.71
9	76.68	18.36	2.17	2.78	49.77	17.32	14.50	18.40	44.59	25.70	14.81	14.87
10	78.34	17.03	2.06	2.55	52.44	16.60	13.73	17.21	46.64	24.84	14.23	14.27

6.2 基于联立方程模型的我国新能源产业投资宏观经济效应分析

6.2.1 变量选取与数据来源说明

（1）变量选取

①因变量。因变量包括经济产出、新能源就业、碳排放强度和新能源消费占比。具体如下：

经济产出：为国内生产总值，用 GDP 表示，单位为亿美元。

新能源就业：新能源就业包括太阳能、风能、地热能、生物质能等新能源产业的就业人数，用 jy 表示，单位为千人。

碳排放强度：碳排放强度为每单位 GDP 二氧化排放量，用 pfqd 表示。

新能源消费比例：一国新能源消费量占能源消费总量的比例，用 xfzb 表示。

②自变量。自变量主要包括新能源产业投资额、技术效率变化指数、技术进步指数、能源强度、产业结构、城市化水平。具体如下：

新能源产业投资额：地热能、风能、太阳能、生物质能等新能源产业的投资金额，用 tz 表示。该变量对 GDP、jy、xfzb 指标预期符号为正，对 pfqd 预期符号为负，即投资越多，碳排放强度越低。

技术效率变化指数：该指标用第五章动态 Malquist 分解中的技术效率变化指数，用 ec 表示。

技术进步指数：该指标用第五章动态 Malquist 分解中的技术进步指数，用 tc 表示。

能源强度：该指标用单位 GDP 能源消耗来表示，以能源消费总量/实际 GDP 来衡量，用 nyqd 表示。

产业结构：采用第三产业与 GDP 的比值来衡量，用 cyjg 表示。第三产业占比衡量一国科技和工业发展进程，该比例越高，表示该国科技含量高，完成工业化度高。

城市化水平：采用城镇人口占总人口的比重来衡量，用 ul 表示。

（2）数据来源说明

本书所用数据主要来自世界银行数据库、国际能源署和各国统计年鉴。鉴于数据的可得性，本节最终选择 2004—2016 年的时间序列数据进行分析。其中产业结构、人口密度、城镇化水平、国民收入数据均来自世界银行，GDP 以 2004 年为基期进行平减。投资额、就业数据来自 *Renewables 2017 Global Status Report*[①]，为剔除价格因素，投资金额按 2004 年通货膨胀指数进行平减。碳排放量来自 *BP Statistical Review of World Energy*[②]。因数据不完整，为了使研究具有代表性，在新能源产业的选择上，笔者仅仅找到了地热能、风能、太阳能、生物质能等四种能源的有效数据，故在实证研究时仅针对这四种新能源产业进行实证分析。

6.2.2 模型构建

本书采取联立方程模型，联立方程模型有"单一方程估计法"和"系统估计法"。考虑到"单一方程估计法"的局限性，忽略了各方程的联系和每个方程扰动项之间的相关性，所以估计结果比系统估计法的效果更差。最常见的"系统估计法"为"三阶段最小二乘法"。因此，本书为更好地估计各方程的系数和避免各个方程扰动项之间的相关性，采取"三阶段最小二乘法"估计法。具体步骤为：前两步对每个方程进行"二阶段最小二乘法"估计，第三步根据前两步的估计，对整个系统扰动项的协方差矩阵进行估计，最后对整个系统进行"广义最小二乘法"估计。

因此，本书利用 2004—2015 年我国新能源产业投资的数据构建了联立方程，既有效避免了单方程的内生性问题，又可检验宏观经济效应，包括对国民收入、就业、环境保护和国家能源安全的影响。具体的模型设置与方法选择如下：

$$\ln(\text{gdp}) = \alpha_1 * \ln(\text{tz}) + \alpha_2 * \ln(\text{xfzb}) + \alpha_3 * \ln(\text{ul}) + \alpha_4 * \ln(\text{tc}(-2)) \tag{6-17}$$

$$\ln(\text{jy}) = \beta_1 * \ln(\text{tz}(-1)) + \beta_2 * \ln(\text{xfzb}(-1)) + \beta_3 * \ln(\text{ec}(-1)) + \beta_4 * \ln(\text{cyjg}) \tag{6-18}$$

$$\ln(\text{pfqd}) = \chi_1 * \ln(\text{tz}) + \chi_2 * \ln(\text{cyjg}(-2)) + \chi_3 * \ln(\text{tc}(-3)) \tag{6-19}$$

$$\ln(\text{xfzb}) = \delta_1 * \ln(\text{tz}(-1)) + \delta_2 * \ln(\text{gdp}(-1)) + \delta_3 \ln(\text{nyqd}(-1)) \tag{6-20}$$

其中，工具变量为：$\ln(\text{gdp}(-1))$ $\ln(\text{jy}(-1))$ $\ln(\text{pfqd}(-1))$ $\ln(\text{xfzb}(-1))$，$\ln(\text{gdp})$、$\ln(\text{jy})$、$\ln(\text{pfqd})$ 和 $\ln(\text{xfzb})$ 分别代表国民收入、新能源就业、碳排放强度和新能源消费占比，它们是内生变量，即由模型内部结构决定的变量，$\ln(\text{tz})$、$\ln(\text{cyjg})$、$\ln(\text{pd})$、$\ln(\text{ec})$ 和 $\ln(\text{tc})$ 分别代表新能源产业投资额、产业结构、城镇化水平、技术效率变化指数和技术进步指数，在模型中它是外生变量，由模型外部决定的，不受模型内部系统制约，是从外部对模型施加影响的变量；α_i、β_i、χ_i、$\delta_i (i = 1, 2, 3, 4)$ 为结构参数；$\ln$

---

① 资料来源：www.ren21.net.

② 资料来源：www.bp.com/statistical review.

（gdp(-1)）、ln(tz(-1))、ln(cyjg(-1))、ln(ec(-1))、ln(tc(-1))代表各变量的前期变量或滞后变量，该变量与外生变量统称为先定变量。

方程(6-17)考察国民收入产出的影响因素，控制变量中加了投资金额、新能源消费占比、城镇化水平和技术进步指数等变量。方程(6-18)考察了就业的影响因素，主要包括投资金额、新能源消费占比、技术效率变化指数和产业结构。方程(6-19)分析碳排放强度的影响因素，主要包括投资金额、产业结构、和技术进步指数。方程(6-20)是分析新能源消费占比的影响因素，主要包括投资金额、经济产出和能源强度。

6.2.3 实证分析

根据"三阶段最小二乘"的联立方程模型估计，其实证分析结果如表6-6所示。

表6-6　　　　　　　　中国新能源产业投资宏观经济效应估算结果

变量	因变量			
自变量	ln gdp	ln jy	ln pfqd	ln xfzb
ln tz	0.138*** (0.025)	0.296*** (0.093)	-0.274*** (0.073)	-0.112** (0.054)
ln xfzb	0.078 (0.137)	1.77*** (0.581)	—	—
ln ul	3.069*** (0.075)	—	—	—
ln nyqd	—	—	—	-0.694*** (0.186)
ln gdp	—	—	—	0.226*** (0.024)
ln ec	—	0.553* (0.326)	—	—
ln tc	0.177** (0.086)	—	-0.421* (0.248)	—
ln cyjg	—	0.478 (0.294)	1.190*** (0.121)	—
R-squared	0.995	0.944	0.804	0.893
S. E. of regression	0.041	0.152	0.165	0.071
Durbin-Waton stat	2.438	1.987	1.698	1.226

注：***、**、*分别表示在1%、5%、10%水平下显著。

从表 6-6 可看出，各自变量对应变量的关系，具体如下：

（1）新能源产业投资对宏观经济效应指标影响

从表 6-6 可知，第一，在 1% 的显著水平下，新能源产业投资对 GDP 产出、新能源就业和碳排放强度有积极的正向影响，即每增加 1% 的新能源产业投资，将增加 0.138% 的 GDP 产出、提高 0.296% 的新能源就业水平和减少 0.274% 的碳排放强度。第二，在 5% 显著水平下，新能源产业投资对新能源消费占比存在负向关系，即新能源产业投资不利于新能源消费比例的提升。

（2）宏观经济效应指标影响因素分析

①经济增长影响因素分析。从表 6-6 可知，新能源产业投资对经济增长有正向影响，在 1% 的显著水平下，城市化水平（ln ul）对经济增长有积极的正向影响，每提高 1% 的城市化水平，将带动 3.069% 的经济增长。在 5% 的显著水平下，新能源产业技术进步（ln tc）指标对经济增长也有正向影响，产业技术进步（ln tc）每提高 1%，带动经济增长 0.177%。

②新能源就业影响因素分析。从表 6-6 可知，除新能源产业投资对经济增长有正向影响外，在 1% 的显著水平下，新能源消费占比（ln xfzb）对新能源产业就业有积极的正向影响。每提高 1% 的新能源消费占比，将带动 1.77% 的就业增长；在 10% 的显著水平下，规模效率（ln ec）对新能源产业就业有积极的正向影响，每提高 1% 的规模效率，将带动 0.553% 的就业增长。

③经济可持续发展指标影响因素分析。从表 6-6 可知，新能源产业投资对经济可持续发展指标有正向影响，在 10% 的显著水平下，技术进步指标（ln tc）与碳排放强度呈负向关系，每提升 1% 的技术进步，将降低 0.421% 的能源排放强度；在 1% 的显著水平下，产业结构指标（ln cyjg）与碳排放强度呈正向关系，每提升 1% 的第三产业结构比重，将增加 1.19% 的碳排放强度，其主要原因是我国第三产业占比较低，仅占 58% 左右，不足以对碳排放强度降低有更大的促进作用。

④能源经济安全指标影响因素分析。从表 6-6 可知，在 1% 的显著水平下，GDP 产出对能源经济安全有正向影响关系，即每增加 1% 的 GDP 产出，将提高 0.226% 的新能源消费比例。在 1% 的显著水平下，能源强度指标（ln nyqd）对能源经济安全有负向影响。每降低 1% 的能源强度，将增加 0.694% 的新能源消费比例。因此，增加 GDP 产出、降低能源强度，有利于提升新能源消费比例和能源经济安全。

6.3 本章小结

从上述格兰杰因果检验和联立方程综合分析可知，我国新能源产业投资整体上可以有效提升我国宏观经济效应，新能源产业投资与经济增长、就业增长、碳排放强度、新能源消费占比和宏观投资效率等指标存在单向的因果关系。碳排放强度与能源强度和新能源消费占比也存在单向的因果关系。投资效率的提升和新能源消费能增加新能源就业，能源强度降低能促进新能源消费比例。各指标的关系见图 6-5 所示。

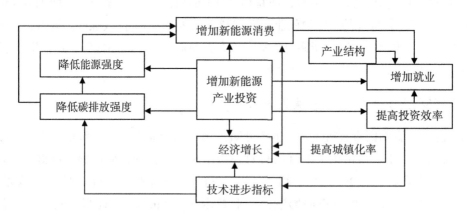

图 6-5　我国新能源产业投资宏观经济效应各指标相互关系图

由图 6-5 可看出，变量之间相互联系、相互促进，通过以上实证分析，总结如下。

（1）因果关系总结

从图 6-5 指标关系图可以看出，新能源产业投资对经济增长、就业、碳排放强度、新能源消费、宏观投资效率、能源强度存在单向因果关系；经济产出对就业存在单向因果关系；就业对宏观投资效率存在单向因果关系；碳排放强度对能源强度存在单向因果关系。

（3）新能源产业投资宏观经济效应总结

新能源产业投资对 GDP 产出、新能源就业和碳排放强度有积极的正向影响。

新能源产业投资对新能源消费占比存在负向关系，即新能源产业投资不利于新能源消费比例的提升，其原因主要是与我国"重生产、轻消费""重建设、轻应用"的政策体系有关系。因此，在新能源投资中，需加大对新能源消费应用的推广，促进新能源产业的发展。

（3）技术进步对宏观经济效应有较好的促进作用

技术进步对宏观经济效应的作用分为直接作用和间接作用。一方面，技术进步对经济增长和碳排放强度减少有直接的影响，每提高 1% 的技术进步效率将增加 0.177% 的经济产出和降低 0.421% 的碳排放强度。另一方面，技术进步对新能源的消费增加有间接作用，即技术进步带来经济增长，经济增长促进新能源消费。同时，碳排放强度减低也能降低能源强度，进而增加新能源消费。

(4) 宏观经济影响因素分析

一是新能源产业投资、城市化水平、技术进步对经济增长起着正向的促进作用；二是新能源产业投资、新能源消费占比、规模效率变化对新能源就业有正向的促进作用；三是新能源产业投资、技术进步能降低碳排放强度，短期内产业结构对碳排放强度影响作用不大；四是经济产出增加和碳排放强度降低对提升新能源消费有积极的作用。

7 国际新能源产业投资经验与借鉴

随着经济全球化和贸易自由化，世界各国慢慢开启了以新能源为主的能源转型之路。本章首先从新能源产业投资背景和动因、新能源产业投资战略和趋势、国际新能源产业投资宏观经济效应比较、新能源产业投资经验与教训，以及对我国的借鉴等五个方面介绍国际新能源产业的发展情况。

7.1 国际新能源产业投资背景和动因分析

20 世纪 70 年代初，德国、丹麦、美国和日本开始倡导以新能源为主的能源转型之路，到 2005 年左右，世界各国掀起了能源转型高潮。2007 年后，在经济全球化、气候变化和能源互联网的呼声中，中国、印度等国也开始了能源转型。能源转型的浪潮不断迭起，一是来自外部气候变化带来的"碳约束"压力，二是来自本国自身能源短缺的压力。

7.1.1 背景分析

（1）化石能源分布不均衡造成的危机

石油储量最多的地区是中东，占总储量的 56.8%，天然气和煤炭储量最多的是欧洲，各占 54.6% 和 45%。① 这种资源分布不均给国际政治和经济格局带来了重要影响，世界各国面临严重的能源危机，其中最主要的是石油危机。1973 年和 2008 年爆发了两次石油危机。2008 年石油价格上升到了 150 美元/桶，加纳、肯尼亚、塞内加尔等国家出现电力供不应求，电力短缺，政府实行燃料配给制度。石油价格上升，通过传导机制，使基础原材料向运输物流、农产品、工业产品传导，导致生产成本上升。为此，在第一次石油危机爆发之后，丹麦、德国、法国、美国等国就一直实施积极的能源转型政策，探索新能源产业的发展道路。

（2）化石能源带来的环境恶化

煤炭和石油等化石能源的使用使全球环境严重恶化，主要包括酸雨和生态破坏。一是"酸雨"频发。20 世纪 70 年代，酸雨还是局部性问题，进入 20 世纪 80 年代后，酸雨在全

---

① BP. Statistical Review of World Energy 2016.

球范围扩散。根据欧洲 20 年来连续监测，酸雨以 10% 的速度递增。目前，全球每年排放二氧化硫约为 1 亿吨，二氧化氮约为 5000 万吨。全球形成三大酸雨区，分别是中国、北欧、北美，覆盖面积达 1200 万平方千米。二是生态破坏严重。对煤炭和石油的开采、运输、加工和消费中出现的油泄露等破坏行为，导致土地、水资源、空气等生态环境发生严重的恶化。如 2010 年，美洲墨西哥海湾发生了石油泄漏以及海上钻油平台爆炸。

（3）"温室效应"和全球气候变暖

自 19 世纪 60 年代以来，全球平均气温升高了 0.6℃。为应对全球气候变暖，1992 年联合国出台了《联合国气候变化框架公约》，1997 年 12 月在日本东京签署了《京都议定书》。目前，全球已有 200 个国家和地区签署了该议定书，并承诺在 2008 年至 2012 年间，温室气体排放总量比 1990 年减少 5.2%。2015 年近 200 个缔约方通过了《巴黎协议》，并要求各方积极应对气候变化的威胁，把全球平均气温较工业化前水平升高幅度控制在 2℃之内，进一步努力控制在 1.5℃ 之内。因此面对全球变暖，减少二氧化碳等污染物的排放是大力发展新能源产业的原因之一。

（4）全球化石资源的耗竭

2016 年，全球探明的石油、天然气、煤炭储备量分别为 240 亿吨、186.5 万亿立方米和 1.139 万亿吨。仅够开采分别 50.6 年、52.5 年和 153 年。[①]

7.1.2　动因分析

新能源产业投资主体较多，有政府、企业和消费者，不同的主体，投资动因不同，具体如下。

（1）政府视角下的动因

新能源具有公共物品和私人物品的双重性质，虽然新能源产业的研发部门具有重要作用，但政府仍然起着决定性作用，从政府视角来看，主要有以下几方面：

①减缓气候变化。化石能源的消费，增加了二氧化碳等污染物质的排放，引发温室效应，导致冰川融化、海平面上升和生物灭绝等现象，届时欧洲、亚洲等部分地区将会被淹没。因此，需要各国共同努力控制温度上升，以减缓温室气体排放，而解决气候变化的"碳约束"困境最好的办法是发展新能源。

②减少环境引发的健康问题。在许多国家，减少当地的空气污染以及解决污染带来的健康问题是发展新能源的关键驱动力。如我国在 2017 年初宣布将投资 2.5 万亿人民币（约合 3600 亿美元）支持新能源产业发展来治理我国许多城市煤炭火电厂造成的大量空气污染问题。

---

① BP. Statistical Review of World Energy 2016.

③保障国家能源安全。能源安全是发展新能源的重要驱动力，如美国军方呼吁将新能源电力和燃料作为国家安全和军队运行的重要能源。能源安全也正被更多的国家考虑和关注，例如增强能源系统的应变能力以应对能源短缺和气候变化带来的影响。

④创造就业机会。新能源产业的发展创造了新的工作岗位和就业机会。面临国际经济低增长，新能源产业提供了一种能够增加收入、改善贸易平衡、促进工业发展和创造就业机会的发展路径。

⑤抢占技术领先。新能源产业技术发明占全球发明的 1%，而 80% 的核心技术专利源于日本、美国、德国、韩国、法国和英国 6 个国家。新能源装备企业和生产企业核心技术仍被美国、德国、日本等发达国家控制，新能源产业技术供应仍被发达国家寡头企业垄断，且这些核心技术的合作和开展只在"北北"之间。虽然有个别发达国家愿意与发展中国家共享技术，如通过 CDM 机制、CCS(碳捕捉和封存联合研究院)、IRENA 等组织，分享新能源产业的技术知识，以帮助发展中国家应对气候变化，但这些技术往往带有国家战略意图，以保护知识产权为推脱，对新能源产业核心技术进行出口限制。即使是带有公益性质的 CDM 机制，虽然发展中国家把发达国家技术转让视为应尽义务，但发达国家却将其作为进入国际市场的新商机，发达国家通过控制新能源产业技术专利权，长期占据出口市场，并获得技术转让收益。2016 年，联合国环境署核发 3000 项 CDM 项目，其中大多数项目采取资助方式，只有少数通过许可方式提供技术转让，主要目的是保护其新能源产业技术。

⑥实现能源转型。多个城市、州、国家和大型公司涌现出了承诺 100% 新能源产业的热潮，因为这具有经济和商业意义，而非仅仅出于对气候、环境和公共健康方面利益的考虑。2016 年，又有 34 家公司加入 RE100①，以实现 100% 应用新能源电力的倡议，目前许多城市和社区也在呼应该倡议，有些城市和社区已经成功实现了这一目标(例如日本的 100 多个社区)。在"气候和能源领域协定"下，来自全区的 7200 多个社区，约 2.25 亿人口，已承诺大力新增新能源的应用，在 2030 年前使碳排放减少 40%，目前不仅是公司和次国家行为体在寻求实现 100% 的新能源产业，在 2016 年 11 月摩洛哥的马拉喀什气候大会上，48 个发展中国家的领导人承诺要在本国实现 100% 的新能源供给。

总之，从以上可看出，发达国家新能源产业投资主要目标有：能源安全、可持续发展、能源结构转型、产业发展、占领市场和技术控制等。

(2) 企业视角下的动因

从企业视角来看，新能源产业投资的动因主要是利润推动、政府推动、市场竞争和金

---

① RE100 是一项全球性的行动，鼓励并支持各大企业承诺在所有运营部门内生产/使用 100% 可再生能源。该行动的目标是 100 家全球最具影响力的企业承诺在规定的时间内实现 100% 可再生能源的生产/使用。RE100 由气候组织发起，目前已有英国电信集团、德国商业银行、宜家、玛氏、雀巢、飞利浦、瑞士再保险等 34 家公司加入该行动。

融支持。

①利润推动。2016 年，全球对新能源产业的投资总额达 2420 亿美元，正是看到新能源产业的广阔市场前景和项目利润，各国新能源投资企业都不遗余力地在新能源产业领域展开激烈角逐，以期获得高额的回报。

②政府推动。一方面，政府通过颁布各种法律和规章制度来鼓励使用新能源，如《可再生能源法》《可再生能源发电全额保障性收购管理办法》等。另一方面，出台各类补贴措施来弥补新能源消费价格。一些地方政府为推动当地产业发展，出台一系列优惠政策，包括土地出让金返还、财政贴息贷款、金融机构融资、税收返还、技术支持、人才引进、新能源固定上网电价补贴、大型合同招标补贴等政策，以吸引企业来投资。

③市场开拓。市场开拓包括国内市场和国外市场开拓。为开发新能源国内外市场，各地相继先后成立了几万家新能源企业，通过企业的投资，诞生了各类细分市场领头企业，比如天威英利、天合光能、晶澳太阳能、特变电工等一批优秀新能源企业。

④金融支持。根据国家政策和我国人民银行引导，很多金融机构对新能源产业给予了大力支持。在银行的大力支持下，各类新能源企业获得了授信，大大促进了新能源产业的发展。

(3)消费者视角下的动因

消费者主要指新能源消费者，包括企业和个人。企业消费者主要是工业、建筑等行业，个人主要是居民消费。在未来碳达峰和碳中和目标下，我国不仅将高耗能企业纳入减排体系，还将个人纳入减排体系。从企业消费角度出发，主要是碳排放系统下碳排放总额度的限制，迫使企业降低能耗或主动利用新能源。对个人而言，减排措施有自愿高价购买清洁能源产品、改变不合理的消费方式、提倡低碳生活和提高环保意识等。

7.2　国际新能源产业投资战略与趋势

7.2.1　投资战略

(1)美国新能源产业投资战略

美国新能源产业投资战略定位为"经济复兴"。在石油危机下，为走出经济危机，建立清洁能源复苏战略，美国先后颁布了《能源政策法》《清洁能源与安全法案》和《美国创新战略》，计划到 2025 年清洁能源投资规模达 1900 亿美元。因此，美国新能源产业投资战略是以能源变革为主导的经济全面复兴计划。[1]

---

[1]　王廷康，唐晶.美国能源政策的启示及我国新能源发展对策[J].西南石油大学学报，2009.

（2）英国新能源产业投资战略

英国新能源产业投资战略定位为"低碳经济"。在《2003 年能源白皮书》中，英国提出"我们的能源未来：创建低碳经济"的想法。2008 年英国出台《气候变化法》，成为世界第一个提出"碳预算"的国家。2009 年英国国家战略性文件《低碳转型计划》提出能源安全和应对气候变化的低碳能源发展路线。2010 年英国出台的《2010 年能源法》进一步深化了低碳经济的道路。①

（3）日本新能源产业投资战略

日本新能源产业投资战略定位为"5E"。日本由于资源匮乏，为减少对外依赖，增加能源供给，非常重视新能源产业的投资，并确立了新能源投资的战略定位，即"3E"目标：能源安全、经济增长和环境保护。一方面是为了完成 1997 年签订的《京都议定书》中的气候节能减排任务，另一方面是摆脱对石油的依赖。到 2010 年，将新能源产业投资战略定位为"5E"，即能源安全、环境保护、高效供给、经济增长和能源结构改善，保持了能源政策与经济发展、环境保护的一致性。②

（4）德国新能源产业投资战略

德国新能源产业投资战略定位为"能源替代"。从 20 世纪 90 年代开始，德国为摆脱能源短缺，1991 年制定了《电力入网法》，在法律层面上规定了可再生能源发电的市场地位；2000 年颁布了《可再生能源法》，奠定了发展可再生能源的法律基础；2010 年在《能源方案》中阐述了德国中长期能源发展战略，即到 2050 年实现能源转型目标。其转型核心是：确立可再生能源在能源供应中的主导地位，并逐步替代核能和化石能源。

（5）巴西新能源产业投资战略

巴西新能源产业投资战略定位为"能源独立"。20 世纪 70 年代，巴西政府为摆脱能源短缺问题，根据自身资源禀赋优势，大力发展乙醇燃料、生物柴油和风能等新能源，以实现能源独立和能源安全。巴西发展新能源主要有三大政策：一是 1975 年巴西颁布的国家乙醇燃料计划，通过联邦协调来刺激新能源产品的供需；二是 1980 年推出生物柴油计划，最初并未大规模生产，2008 年重启该方案后，规定全国各地区销售使用柴油需添加至少 2% 的生物柴油，到 2013 年，该比例提至 5%。三是制定替代能源发电项目鼓励计划。该计划主要是鼓励发展风能，通过立法形式确定其地位，并签订了 20 年的购电协议，为巴西风电创造稳定的发展环境。③

---

① 吕江.英国新能源产业法律与政策研究[M].武汉：武汉大学出版社，2012.
② 曹玲.日本新能源产业政策分析[D].长春：吉林大学，2010.
③ 张迎新.巴西能源政策回顾[J].国土资源情报，2006(11).

（6）印度新能源产业投资战略

印度新能源产业投资战略定位为"能源供应和经济安全"。印度能源供应安全是印度政府发展新能源产业的直接原因。受近年来石油价格上涨带来的传导效应，印度经济成本上升，企业竞争力下降，这是其发展新能源的内在原因。印度在2006年的《能源综合政策报告》中明确了新能源发展的技术路线和提高能源生产与利用效率的方法，最终解决能源经济安全问题和实现能源独立目标。2008年在印度第11届新能源和可再生能源五年计划中，确定了发展新能源的基本目标，即到2012年，可再生能源发电需占发电总需求的10%，按每年5.8%能源消耗的速度，预计到2030年印度能源缺口将巨大。因此，确保能源供给和经济安全是印度政府投资新能源产业的战略定位。①

7.2.2 投资趋势

（1）区域合作加强，国际分工细化

①国际电网合作共建。受国际资源禀赋不同和地缘政治的影响，世界各国加强合作，如为降低进口依赖度，欧盟与成员国加强合作，创建共同的能源市场，共同维护欧盟能源供应安全。同时，欧盟大力发展双边关系，加强欧盟与中东、北非、黑海—里海等区域的能源出口国之间的关系。一些国家（如葡萄牙、爱尔兰和塞浦路斯）正在实现每年有20%~30%的电力来自可再生能源，而无需额外的储能装置。德国与周围9个邻国并网。傍晚至早晨，法国核电站开始工作，向德国输出电力，从早晨至下午，德国转而开始向法国输电。虽然德国新能源电力比例大幅度增加，但不完全是自己消纳，可以向邻国输送销售，避免了弃风和弃光现象。

②国际技术合作加强。国际技术越来越多，如《联合国气候变化框架公约》《京都议定书》《巴黎协议》等都规定要求发达国家向发展中国家提供资金和转让应对气候变化的技术。国际能源署（IEA）、国际可再生能源署（IRENA）、欧洲技术平台（ETPs）②、碳捕捉和封存联合研究院（CCS）都为国际技术合作和交流提供了平台。

③国际分工细化。第一，区域分工细化。当前新能源产业发展主要是政府的大力推动，当期价格体系不完全反映新能源的真实成本。新能源产业不同于汽车、服装、消费类电子等产业，目前全球尚未形成具有掌控和整合全产业链的"领先企业"，新能源产业首先属于产业内分工和贸易。风能、太阳能等新能源产业技术、生产、消费初期主要集中在

---

① 裴永刚. 印度新能源产业政策及其评析[J]. 国土资源情报，2009(9).

② ETPs有七个技术开发平台：氢和燃料电池（成立于2003年）、太阳能光伏发电（2005）、化石燃料零排放（2005）、智能电网（2006）、生物燃料（2006）、太阳热能（2006）和风能（2006）。ETPs帮助利益相关者建立长期的战略研究议程，并直接有助于欧盟第七框架计划的实施，确保欧盟资助用于相关的研究计划。

发达国家，具有水平型分工的特征。随着技术溢出，越来越多的发展中国家投资该领域，水平型分工慢慢转向垂直型分工。在生物质能领域，由于欧盟等发达国家需要进口农林原料和销售生物燃料，而这些多集中在发达国家和发展中国家，因此具有垂直型分工特征，见表7-1。

表7-1　　　　　　　　　　　　新能源产业国际分工体系及方式

行业	主要分工方式	分工依据	分工类型	主要参与国家（地区）
风能	贸易与投资	比较优势 竞争优势 产业政策	水平型 ↓ 水平型+垂直型	美国、德国、西班牙、印度、意大利、法国、英国、加拿大、葡萄牙、丹麦、中国
太阳能	贸易与投资	比较优势 竞争优势 产业政策	水平型 ↓ 水平型+垂直型	美国、德国、西班牙、印度、意大利、丹麦、日本、捷克、比利时、澳大利亚、韩国、马来西亚、中国
生物质能	贸易	比较优势 要素禀赋 产业政策	以垂直型为主	美国、巴西、加拿大、欧盟、东南亚国家和地区
新能源产业汽车	贸易与投资	竞争优势 产业政策	以水平型为主	日本、美国、德国、法国、意大利、韩国、中国

资料来源：史丹．新能源产业发展与政策研究［M］．北京：中国社会科学出版社，2015：18-30.

第二，产业链分工细化。随着新能源产业发展，新能源产业链主要表现为纵向关联，各环节要素配置的国际化程度要求较高，但价值链驱动模式存在差别。光伏和风电行业价值链呈现"混合"驱动模式，产业资本、商业资本和政府投入共同主导该产业的发展。产业链中游环节由生产商驱动，下游环节由政府直接采购拉动。美国、加拿大、巴西等国在生物燃料上游环节有比较优势。

（2）风能和太阳能投资占主导地位

2016年，全球风能和太阳能光伏新增发电容量占全球新增发电装机容量的77%，剩余的23%以水电装机容量为主，光伏发电增长速度最快，光伏发电装机容量年新增500万千瓦，2020年风电装机规模2.82亿千瓦，太阳能光伏发电装机2.53亿千瓦。[①] 2016年光伏光热和风电投资占主导，分别为411.3亿美元和350亿美元，占新能源总投资比分别为52.68%和44.82%，两者合计占97.5%。

（3）技术进步促进投资成本下降

①技术溢出加快投资成本下降。随着新能源技术越来越成熟，技术外溢引发投资成本

---

① Renewables 2021 Global Status Report. www.ren21.net.

下降，特别是在电力部门，吸引了越来越多的发展中国家大力发展新能源产业。光伏行业，除光伏薄膜电池和硅材料装备技术仍被德国、美国和日本垄断外，其余技术已全部开放。先前一些关键技术不再是核心技术，如我国光伏晶硅切割机企业和风电自主研发风电企业的崛起在很大程度上得益于产业技术扩散。太阳能光伏发电的制造和安装领域正在进行创新，包括改善风力涡轮机的材料和设计，以及在集中式太阳能热发电（CSP）的热能存储技术上的进步，对能源效率的提升和生产成本的减低有较大的促进作用。在许多国家，新能源的电力成本与化石燃料和核能的电力成本相比具备较好的竞争力，若算上补贴就更加具有成本竞争力。

②竞争加剧促进投资成本下降。地热能及一些生物质能发电已与化石能源发电形成了竞争态势。在有利条件下（充足的资源、可靠的并网），即便不考虑外部性，与新增化石能源发电容量相比，陆上风电和太阳能光伏发电也具备成本竞争力。2015 年和 2016 年初，拉丁美洲、中东和北非、印度等地区的电力招标合同价格创历史新低，预期未来电力成本将进一步下降。

（4）分布式新能源投资增长较快

从全球来看，2016 年的新能源发电量主要来自电力公司或大型投资商所有的大型（MW 级及以上）发电机组，一些市场的小型分布式发电量呈急剧增长态势。孟加拉国是全球最大的太阳能家庭应用市场，其他发展中国家（如非洲的肯尼亚、乌干达、坦桑尼亚、亚洲的中国、印度和尼泊尔，拉丁美洲的巴西和圭亚那）的小型新能源系统（包括可再生能源微电网）也出现快速发展，为离网人群生活和生产提供电力。发达国家和地区（包括澳大利亚、欧洲、日本和北美）的新能源自供电力住宅用户数量出现显著增长。

7.3 国际新能源产业投资效率和宏观经济效应的比较分析

7.3.1 宏观投资效率的国际比较分析

本节采用第五章 Malmquist-Luenberger 模型，对美国、中国、德国、印度、巴西和西班牙等六国的国家宏观投资效率进行测算，投入产出指标类别与中国相同，数据来源相同。具体结果分析如下。

（1）实证结果分析

①全要素效率指标（MI）比较分析。MI 指标中，按从高到低排序依次为：德国、巴西、西班牙、中国、印度和美国（如表 7-2 所示）。德国、巴西、西班牙和中国的全要素效率指标较好，印度和美国较差。造成上述全要素效率指标较差的原因是国家新能源产业的投资战略定位不同。德国、巴西和西班牙的指标较高是因为它们的宏观经济效应目标注重产业发展、能源结构调整和新能源消费比例。中国指标次之，虽新能源消费增速较慢，但

经济增长和就业增长较快，大大提高了效率指标。而印度和美国的全要素效率指标偏低，主要是它们忽视了宏观经济产出指标，如印度忽视了产业发展的基本规律，美国忽视了新能源消费增加和碳排放强度的降低。

表 7-2   2005—2016 年六国全要素 MI 效率值

国家 年份	德国	巴西	西班牙	中国	印度	美国
2005	0.992	0.836	0.929	1.141	1.028	0.567
2006	0.985	0.923	0.911	1.098	1.045	0.486
2007	1.638	0.882	1.381	0.935	0.959	0.875
2008	1.058	1.019	1.017	0.857	1.107	0.925
2009	0.759	1.113	0.943	1.064	1.131	1.651
2010	0.827	1.643	1.678	1.108	0.692	0.756
2011	1.207	0.999	0.625	1.084	0.868	0.703
2012	1.481	1.051	1.018	0.984	1.182	1.322
2013	1.161	1.339	1.106	1.111	1.029	0.761
2014	0.961	0.753	0.986	0.936	0.982	1.092
2015	1.191	0.995	0.808	1.031	0.997	0.755
2016	0.845	1.061	0.995	1.014	0.962	0.871
平均值	1.092	1.051	1.033	1.030	0.998	0.897

②技术效率变化(EC)指数比较。技术效率变化高低说明资源配置的效率，六国平均值中，按从高到低排序依次为：中国、印度、美国和德国技术效率变化值大于 1，处于有效状态，年均增长分别为 14.5%、11.4%、13%和 4.1%，巴西和西班牙的技术效率值小于 1，处于无效率状态，年均减幅分别为 0.2%和 0.7%(见表 7-3 所示)。

表 7-3   2005—2016 年六国技术效率变化(EC)值

国家 年份	中国	印度	美国	德国	巴西	西班牙
2005	1.763	2.143	1.060	1.000	0.996	1.006
2006	1.367	1.261	1.012	0.980	0.999	0.990
2007	1.916	1.087	0.909	1.013	0.986	1.026
2008	0.639	1.155	1.019	0.980	0.988	1.032

续表

国家\年份	中国	印度	美国	德国	巴西	西班牙
2009	0.754	1.107	1.116	0.699	1.055	0.950
2010	1.008	0.614	0.910	0.547	1.026	1.019
2011	1.209	0.980	0.934	1.699	1.076	0.966
2012	1.047	1.478	1.060	1.305	0.976	0.966
2013	1.047	0.800	0.344	1.283	0.979	1.034
2014	0.997	0.974	3.014	1.009	0.927	0.966
2015	1.060	0.905	0.908	1.129	0.956	0.946
2016	0.939	1.051	1.085	0.848	1.016	1.010
平均值	1.145	1.130	1.114	1.041	0.998	0.993

上述六国中,中国、印度、美国和德国技术效率变化指标较高,巴西和西班牙较低。对比可以看出,中国、美国、印度和德国的新能源产业投资管理能力和水平逐年改善,资源配置效率提高,现有的投入也得到了较好的利用。而巴西和西班牙在新能源产业投资管理和资源配置上还有改善的空间。

③技术进步指数(TC)比较分析。TC 指标中,按从高到低排序依次为:德国、巴西、西班牙、中国、美国和印度。德国的技术效率变化最高,年均增幅为 8.7%,西班牙和巴西次之,年均增幅分别为 5.1% 和 3.7%,中国、美国和印度的技术效率变化减少,年均减幅分别为 2.7%、5% 和 5.9%(见表 7-4 所示)。

表 7-4 　　　　　　　　　　**2005—2016 年六国技术进步(TC)值**

国家\年份	德国	巴西	西班牙	中国	美国	印度
2005	0.992	0.839	0.923	0.647	0.535	0.480
2006	1.005	0.924	0.919	0.803	0.480	0.829
2007	1.617	0.895	1.346	0.488	0.963	0.882
2008	1.080	1.031	0.985	1.341	0.908	0.958
2009	1.086	1.055	0.993	1.411	1.478	1.021
2010	1.512	1.601	1.647	1.099	0.831	1.127
2011	0.710	0.928	0.647	0.897	0.753	0.886
2012	1.135	1.076	1.054	0.940	1.247	0.800

国家 年份	德国	巴西	西班牙	中国	美国	印度
2013	0.904	1.368	1.070	1.061	2.209	1.286
2014	0.951	0.812	1.021	0.939	0.362	1.008
2015	1.055	1.041	0.854	0.972	0.831	1.102
2016	0.996	1.044	0.985	1.080	0.802	0.915
平均值	1.087	1.051	1.037	0.973	0.950	0.941

上述六国中，德国、巴西、西班牙技术进步指标较高，中国、美国和印度处于无效率状态。对比可看出，该指标高是由于德国、巴西、西班牙主要依靠技术进步来提升新能源产业投资宏观经济效应，而中国、美国和印度在技术进步上还有改进的空间。

④纯技术效率（PEC）指数比较分析。纯技术效率指标中，按从高到低排序依次为：德国、西班牙、巴西、中国、美国和印度。德国的纯技术效率变化最高，年均增幅5.1%，西班牙、巴西和中国次之，年均增幅分别为2%、1.9%和1.4%，美国和印度的纯技术效率变化减少，年均减幅分别为1.7%和3%。

六国中，德国、西班牙、巴西和中国的纯技术效率大于1，说明是有效率的，新能源产业投资的管理能力水平逐步增长，美国和印度纯技术效率小于1，说明它们新能源产业投资的管理水平下降（具体见表7-5）。

表7-5　　　　　　**2005—2016年六国纯技术效率变化（PEC）值**

国家 年份	德国	西班牙	巴西	中国	美国	印度
2005	0.999	0.943	1.003	1.023	0.974	1.002
2006	1.003	0.892	1.085	1.014	0.976	1.23
2007	1.146	0.94	0.906	1.006	0.952	0.734
2008	0.983	0.995	0.956	1.014	1.004	1.138
2009	0.969	1.025	1.191	1.026	1.053	1.088
2010	0.963	1.099	0.916	1.000	0.966	0.388
2011	1.045	1.001	1.043	1.005	0.947	0.996
2012	1.102	1.021	1.091	1.013	0.996	1.406
2013	1.005	1.039	1.097	1.044	0.975	0.663
2014	1.117	1.041	0.906	1.013	1.031	0.963

续表

国家 \ 年份	德国	西班牙	巴西	中国	美国	印度
2015	1.149	1.12	1.019	1.003	0.959	1.024
2016	1.13	1.126	1.011	1.012	0.959	1.006
平均值	1.051	1.020	1.019	1.014	0.983	0.970

⑤SEC 指数比较。在技术进步指标中,印度的规模效率变化最高,年均增幅为 20.3%,中国和美国次之,年均增幅分别为 13% 和 12.5%,德国、巴西和西班牙的规模效率变化减少,年均减幅分别为 1.1%、1.4% 和 2.2%(见表 7-6 所示)。

表 7-6   **2005—2016 年六国规模效率变化(SEC)值**

国家 \ 年份	印度	中国	美国	德国	巴西	西班牙
2005	2.139	1.723	1.088	1.001	0.993	1.067
2006	1.025	1.348	1.037	0.977	0.921	1.110
2007	1.481	1.905	0.955	0.884	1.088	1.091
2008	1.015	0.630	1.015	0.997	1.033	1.037
2009	1.017	0.735	1.060	0.721	0.886	0.927
2010	1.582	1.008	0.942	0.568	1.120	0.927
2011	0.984	1.203	0.986	1.626	1.032	0.965
2012	1.051	1.034	1.064	1.184	0.895	0.946
2013	1.207	1.003	0.353	1.277	0.892	0.995
2014	1.011	0.984	2.923	0.903	1.023	0.928
2015	0.884	1.057	0.947	0.983	0.938	0.845
2016	1.045	0.928	1.131	0.750	1.005	0.897
平均值	1.203	1.130	1.125	0.989	0.986	0.978

上述六国中,印度、中国和美国的纯规模效率大于 1,说明是有效率的,即它们新能源产业投资的规模管理能力水平逐步增长,德国、巴西和西班牙的纯规模效率小于 1,说明它们新能源产业投资的规模管理水平下降。

从以上分析可知,EC 效率排名与 SEC 排名一致,且效率平均值基本接近(见表 7-7)。

表 7-7 六国各效率值排名和平均值

指标	1	2	3	4	5	6
MI	德国	巴西	西班牙	中国	印度	美国
	1.092	1.051	1.033	1.030	0.998	0.897
EC	中国	印度	美国	德国	巴西	西班牙
	1.145	1.13	1.114	1.041	0.998	0.993
TC	德国	巴西	西班牙	中国	美国	印度
	1.087	1.051	1.037	0.973	0.950	0.941
PEC	德国	西班牙	巴西	中国	美国	印度
	1.051	1.021	1.019	1.014	0.983	0.970
SEC	印度	中国	美国	德国	巴西	西班牙
	1.203	1.130	1.125	0.989	0.986	0.978

从表 7-7 可以看出,六国的新能源宏观投资效率具有如下特点。

①德国、巴西和西班牙的全要素效率提高主要依靠技术进步。技术进步指数平均值分别为 1.087、1.051 和 1.037,年均增长幅度分别为 8.7%、5.1% 和 3.7%。主要原因是它们在新能源产业投资中注重技术进步和改进,但在技术效率变化上还需改进,要更加注重管理和资源的优化配置。

②中国、美国和印度的全要素效率提高主要依靠技术效率变化。技术效率变化平均值分别为 1.145、1.13 和 1.114,年均增长幅度分别为 14.5%、13% 和 11.4%,远高于德国、巴西和西班牙。巴西和西班牙甚至出现了负增长。中国、印度和美国的技术效率变化大的主要原因是它们是能源消耗大国,在新能源产业投资中更注重管理和资源的优化配置,忽视了技术进步带来的改进。

③德国、西班牙和巴西的技术效率变化处于无效率状态的原因主要是规模效率变化较慢,三者平均值分别为 0.989、0.986 和 0.978,年均减少幅度分别为 1.1%、1.4% 和 2.2%,说明它们的规模在逐步减小。

④德国不仅重视技术进步,而且也重视技术效率变化。技术效率的变化主要依靠投资管理,而不是单靠规模的增长。这说明德国不仅重视技术的提升,也注意资源配置和管理的优化。

7.3.2 宏观经济效应的国际比较分析

(1) 指标选取和说明

本节采用联立方程对德国、巴西、西班牙、中国、印度和美国六国进行宏观经济效应测算。

①因变量。因变量包括经济产出(GDP)、新能源就业(jy)、碳排放强度(pfqd)和新能源消费比例(xfzb)。

经济产出：为国内生产总值，用 GDP 表示，单位为亿美元。

新能源就业：新能源就业包括太阳能、风能、地热能、生物质能等新能源产业的就业人数，用 jy 表示，单位为千人。

碳排放强度：碳排放强度为每单位 GDP 二氧化碳排放量，用 pfqd 表示。

新能源消费比例：一国新能源消费量占能源消费总量的比例，用 xfzb 表示。

②自变量。自变量包括产业结构(cyjg)、人口密度(pd)、城镇化水平(ul)、能源自给率(zjl)、能源强度(nyqd)、融资环境(rzhj)、贸易结构(myjg)、技术效率变化(ec)、技术进步变化(tc)、碳排放量(tpf)、石油价格(oil)和研发水平(yfsp)。

产业结构：采用第三产业与 GDP 的比值来衡量，用 cyjg 表示。

人口密度：人口密度是指总人口除以土地面积，单位为每平方千米土地面积人数，用 pd 表示。

城镇化水平：采用城镇人口占总人口的比重来衡量，用 ul 表示。

能源自给率：能源自给率是指一国能源生产量占能源全部消费量的比值，用 zjl 表示。

能源强度：该指标用单位 GDP 能源消耗来表示，以能源消费总量/实际 GDP 来衡量，用 nyqd 表示。

融资环境：指银行国内信贷金额占 GDP 的比值，用 rzhj 表示。

贸易结构：一国能源净进口占一国国内能源总消费金额，用 myjg 表示。

技术效率变化指数：该指标为第五章动态 Malquist 分解中的技术效率变化指数，用 ec 表示。

技术进步指数：该指标为第五章动态 Malquist 分解中的技术进步指数，用 tc 表示。

碳排放：碳排放采用人均二氧化碳排放量指标，单位为人均吨量，用 tpf 表示。

石油价格：指国际石油价格，用 oil 表示。

研发水平：指一国研发金额占 GDP 的比值，用 yfsp 表示。

(2) 数据来源说明

本书所用数据主要来自世界银行数据库、国际能源署以及各国统计年鉴。鉴于数据的可得性，本节最终选择 2004—2016 年的时间序列数据进行分析。其中，产业结构、人口密度、城镇化水平、国民收入、研发水平、贸易结构、融资环境、能源自给率数据均来自世界银行，GDP 以 2004 年为基期进行平减。投资额、就业人数数据来自 *Renewables 2017 Golbal Status Report*[①]，为剔除价格因素，投资金额按 2004 年通货膨胀指数进行平减。石油价格、碳排放量来自 *BP Statistical Review of World Energy*[②]。为了使研究具有代表性，在

---

① 资料来源：www.ren21.net.

② 资料来源：www.bp.com/statistical review.

新能源产业的选择上，笔者仅仅找到了地热能、风能、太阳能、生物质能四种能源的有效数据，故在实证研究时只选择这四种新能源产业进行实证分析。

（3）六国经济增长效应比较分析

通过分析六国各指标对经济增长影响（见表7-8），得出以下结论：

①投资对经济增长的影响分析。从实证结果来看，六国的新能源产业投资与经济增长呈正向关系，但影响程度不一样，按影响程度大小排序，分别是巴西、印度、中国、西班牙、美国和德国，影响值分别为0.25、0.19、0.14、0.13、0.12、0.08。由此可看出，投资对发展中国家的拉动作用大于对发达国家的拉动作用。

②产业结构对经济增长的影响分析。从实证结果来看，只有巴西、美国、中国、西班牙四国的产业结构影响显著，按影响大小排序，依次是巴西、美国、西班牙和中国，但影响差异较大。其中巴西最大，影响值达5.86；其次是美国，影响值为2.43；西班牙为1.74；最小是中国，影响值为0.14。主要原因是我国的第三产业占比较小，且增长缓慢，2004年第三产业占比仅为41.18%，2016年也仅为50.34%。而巴西、美国和西班牙的第三产业占比较高，2004—2016年第三产业占比平均值分别为68.6%、77.7%和71.1%。

③城镇化水平对经济增长的影响分析。从实证结果来看，中国、德国和印度的城镇化水平对经济增长有积极的正向作用，影响值分别为3.07、2.27和2.69。因此，提高城镇化水平对经济增长有较大的促进作用。

④新能源消费对经济增长的影响。从实证结果来看，新能源消费比例对美国经济增长有负向作用，系数为-0.31；对印度有正向作用，系数为0.34；对中国有正向作用，但不显著。这主要是各国行情不同，三个国家都是能源消耗大国，在新能源产业的发展初期，新能源消费比例较低，2016年，印度、中国和美国的新能源消费比例分别为11.74%、2.82%和3.69%。

⑤其他指标的影响分析。碳排放强度的降低对印度经济呈负向关系，每降低1%的碳排放强度将拉动6.88%的经济增长。技术进步对中国经济的增长有促进作用，每增加1%的技术改进，将拉动0.18%的经济增长。

表7-8 六国经济增长效应比较分析

变量	美国	中国	德国	印度	巴西	西班牙
ln tz	0.059 ** (0.025)	0.138 *** (0.025)	0.081 *** (0.031)	0.17 (0.103)	0.25 ** (0.119)	0.129 ** (0.042)
ln xfzb	—	0.078 (0.137)	—	0.347 *** (0.076)	—	—
ln ul	—	3.069 *** (0.075)	2.271 ** (1.28)	2.701 *** (0.056)	—	—

变量	美国	中国	德国	印度	巴西	西班牙
ln pfqd	—	—	—	—	-6.88^{**} (3.236)	—
ln rzhj	—	—	0.211^{*} (0.172)	—	—	—
ln tpf	—	—	—	—	—	1.05^{***} (0.144)
ln tc	—	0.177^{**} (0.086)	—	—	—	—
ln cyjg	1.999^{***} (0.137)	—	—	—	5.86^{***} (1.742)	1.74^{***} (0.077)
ln zjl	0.714^{***} (0.149)	—	—	—	—	—
R-squared	0.88	0.995	0.795	0.987	0.68	0.796
S. E. of regression	0.042	0.041	0.165	0.041	0.21	0.047
Durbin-Waton stat	1.76	2.439	1.698	1.412	1.422	1.956

注：***、**、*分别表示在1%、5%、10%水平下显著。

(4)六国就业增长效应比较分析

通过对比分析六国各指标对就业增长的影响(见表7-9)，得出以下结论：

①投资对就业增长的影响分析。从实证结果来看，除美国外，其他五国的新能源产业投资与就业呈正向关系，但影响程度不一样，按影响程度大小排序，分别是印度、中国、西班牙、德国和巴西，影响值分别为0.34、0.29、0.21、0.2和0.02。由此可以看出，投资对就业有较强的拉动作用。美国的新能源产业投资与就业呈负向关系，系数为-0.07，主要是由于美国的新能源产业投资政策不稳定，就业不是依靠投资拉动，而是依靠产业结构变化拉动，影响系数为1.38。

②产业结构对就业增长的影响分析。从实证结果来看，只有美国和中国的产业结构对就业增长影响显著，系数分别为1.38和0.47。德国和巴西的产业结构与就业增长呈反向作用，系数分别为-3.71和-2.61，原因在于新能源就业主要统计与生产、制造相关的产业，美国和中国正好是新能源制造业国家，德国和巴西是消费应用市场。

③人口密度对就业增长的影响分析。从实证结果来看，德国、印度和巴西的人口密度

指数对就业增长有积极的正向作用，影响值分别为5.48、5.58和0.86。

④新能源消费对就业增长的影响分析。从实证结果来看，美国和中国的新能源消费比例对就业有拉动作用，系数分别为0.71和1.77。

⑤其他指标的影响分析。碳排放强度的降低对德国的就业增长呈负向关系，每降低1%的碳排放强度，将拉动0.85%的就业增长。规模效率对中国的就业增长有促进作用，每增加1%的规模效率，将拉动0.55%的就业增长。技术进步对西班牙的就业增长有促进作用，每增加1%的技术进步，将拉动0.22%的就业增长。

表7-9　　　　　　　　　　　　　六国就业增长效应比较分析

变量	美国	中国	德国	印度	巴西	西班牙
ln tz	−0.073 (0.044)	0.296*** (0.093)	0.2*** (0.056)	0.344*** (0.099)	0.021 (0.053)	0.214*** (0.049)
ln xfzb	0.715*** (0.053)	1.77*** (0.581)	—	—	—	—
ln pd	—	—	5.482* (2.089)	0.86*** (0.032)	5.582*** (1.977)	—
ln ec	—	0.553* (0.326)	—	—	—	—
ln zjl	—	—	—	—	—	0.45*** (0.011)
ln tc	—	—	—	—	—	0.226* (0.139)
ln cyjg	1.386*** (0.028)	0.478 (0.112)	−3.714 (2.239)	—	−2.612* (1.466)	
R-squared	0.966	0.805	0.807	0.932	0.757	0.713
S. E. of regression	0.014	0.165	0.037	0.019	0.016	0.099
Durbin-Waton stat	2.194	1.698	1.952	0.985	2.129	2.495

注：***、**、*分别表示在1%、5%、10%水平下显著。

(5)六国碳排放强度比较分析

通过对比分析六国各指标对碳排放强度影响(见表7-10)，得出以下结论：

①投资对碳排放强度的影响分析。从实证结果来看，除德国外，其他五国的新能源产

业投资与碳排放强度呈负向关系，但影响程度不一样，按影响程度大小排序，分别是中国、西班牙、印度和巴西，系数分别为 -0.27、-0.07、-0.07 和 -0.02，即增加投资可以减少碳排放强度。美国影响系数虽然为 -0.01，但不显著。德国的新能源产业投资与碳排放强度呈正向关系，系数为 0.04，主要是由于德国的新能源产业投资额在 2010 年达到顶峰后，2011—2016 年呈下降趋势。因此，德国的碳排放强度减少，不是依靠投资，而是转向技术减排。从表 7-5 可看出，德国的能源强度和技术进步系数分别为 0.68 和 -0.06，即每减少 1% 的单位 GDP 能耗将降低 0.68% 的碳排放强度，每提高 1% 的技术进步将降低 0.06% 的碳排放强度。

②产业结构对碳排放强度的影响分析。从实证结果来看，只有美国、中国和巴西的产业结构指数对碳排放强度呈正向关系，系数分别为 0.93、1.19 和 0.72。由于这三个是能源消耗大国，如果只依靠产业结构调整，不足以降低碳排放强度。

③能源强度对碳排放强度的影响分析。从实证结果来看，德国和巴西的能源强度指数对碳排放强度有正向作用，系数分别为 0.68 和 0.32，即单位 GDP 能耗降低有助于降低碳排放强度。

④技术进步指数对碳排放强度的影响分析。从实证结果来看，中国、德国和西班牙的技术进步指数将促进碳排放强度降低，系数分别为 -0.42、-0.06 和 -0.09。三个国家相比，中国的技术进步指数对促进碳排放强度降低作用较强。

表 7-10　　　　　　　　　　六国碳排放强度比较分析

变量	美国	中国	德国	印度	巴西	西班牙
ln tz	-0.019 (0.021)	-0.274 *** (0.073)	0.27 * (0.073)	-0.075 ** (0.031)	-0.019 *** (0..019)	-0.116 *** (0.016)
ln ul	—	—	—	—	—	0.551 *** (0.008)
ln jy	-0.222 *** (0.023)	—	—	—	—	—
ln nyqd	—	—	-0.685 *** (0.022)	0.06 (0.119)	-0.32 ** (0.018)	—
ln zjl	—	—	—	0.619 *** (0.047)	—	—
ln tc	—	-0.421 * (0.248)	-0.058 * (0.036)	—	—	-0.091 * (0.046)
ln cyjg	0.936 *** (0.022)	1.190 *** (0.121)	—	—	0.719 * (0.000)	—

续表

变量	美国	中国	德国	印度	巴西	西班牙
R-squared	0.966	0.805	0.807	0.932	0.757	0.829
S. E. of regression	0.014	0.165	0.037	0.019	0.016	0.033
Durbin-Waton stat	2.194	1.698	1.952	0.985	2.36	2.296

注：＊＊＊、＊＊、＊分别表示在1%、5%、10%水平下显著。

（6）六国新能源消费比较分析

通过对比分析六国各指标对新能源消费的影响（见表7-11），可以得出以下结论：

①投资对新能源消费的影响分析。从实证结果来看，美国、印度和西班牙的新能源产业投资对提升新能源消费有正向作用，系数分别为0.09、0.23和0.48，但美国不显著。而中国、德国和巴西的新能源产业投资与新能源消费呈负向关系，系数分别为-0.11、-0.24和-0.75。德国新能源产业投资与新能源消费呈负向关系，主要是2010年后德国的新能源产业投资呈下降趋势。中国和巴西的新能源产业投资与新能源消费呈负向关系，主要是因为体制问题，虽然投资持续增加，但新能源消费市场尚未完全建立，新能源消费比例提升幅度较慢。

②规模效率对新能源消费的影响分析。从实证结果来看，印度和巴西的规模效率与新能源消费呈负向关系，说明主要依靠规模增长并不能提高新能源消费比例。

③技术进步对新能源消费的影响分析。从实证结果来看，印度的技术进步对新能源消费有正向作用，系数为0.6，即每增加1%的技术进步指数，将增加0.6%的新能源消费比例。

④其他指标的影响分析。从实证结果来看，美国石油价格的上升将增加新能源消费，石油价格每提升1%，将增加0.74%的新能源消费。从德国实证结果来看，单位GDP能耗降低将增加新能源消费，能源强度降低1%，将增加1.38%的新能源消费。从中国的实证结果来看，研发水平的提高可以促进新能源消费，每增加1%的研发支出，可以提升6.96%的新能源消费比例。

表7-11　　　　　　　　　　六国新能源消费占比比较分析

变量	美国	中国	德国	印度	巴西	西班牙
ln tz	0.093 (0.135)	-0.112 ** (0.054)	-0.245 * (0.129)	0.226 *** (0.032)	0.748 ** (0.475)	0.477 ** (0.223)
ln rzhj	—	—	—	—	—	-0.627 * (0.385)

变量	美国	中国	德国	印度	巴西	西班牙
ln oil	0.742*** (0.221)	—	—	—	—	—
ln jy	—	—	—	—	—	0.809* (0.45)
ln ec	—	—	—	−0.396* (0.238)	−1.075*** (0.323)	—
ln gdp	—	0.226*** (0.024)	—	—	0.28*** (0.097)	—
ln tc	—	—	—	0.602* (0.337)	—	—
ln nyqd	—	−0.694*** (0.186)	−1.381*** (0.293)	—	—	—
ln myjg	−0.979*** (0.191)	—	—	—	—	—
ln yfsp	—	—	6.962*** (1.206)	—	—	—
R-squared	0.924	0.893	0.879	0.732	0.631	0.884
S. E. of regression	0.138	0.07	0.161	0.197	0.306	0.152
Durbin-Waton stat	1.977	1.227	1.933	1.03	1.137	1.609

注：***、**、*分别表示在1%、5%、10%水平下显著。

(7)国际新能源产业投资模式比较

通过对六国的宏观投资效率和宏观经济效应进行比较，关于宏观投资效率的提升和宏观经济效应的改善模式主要有三种：

①西班牙模式：技术进步推动型。技术进步推动型是指依靠技术进步来提高宏观投资效率和宏观经济效应。该类型的国家主要有西班牙和巴西。从宏观投资效率分解来看，西班牙和巴西投资效率的提升主要是依靠技术进步(TC)提高，平均年增长率分别为17.5%和5.1%。宏观经济效应中，德国的技术进步不仅促进就业增长(系数为0.22)，而且可以降低碳排放强度(系数为-0.09)。德国和巴西的新能源产业投资可以促进经济增长(系数分别为0.08和0.25)和就业增长(系数分别为0.2和0.02)。

②中国模式：规模效率推动型。规模效率推动型是指依靠规模效率变化来提高宏观投资效率和改善宏观经济效应，这种类型的国家主要有中国、印度和美国。中国和印度的宏

观投资效率主要是依靠规模效率(EC)增长,平均年增长率分别为14.5%和13%。美国的宏观投资效率则出现10.3%的递减,主要是依靠规模效率(EC)增长,平均年增长11.4%,如果剔除规模效率的增长,宏观投资效率下滑将更严重。从宏观经济效应影响因素来看,中国、印度和美国主要是依靠投资来推动,新能源产业投资与经济增长系数分别为0.14、0.19和0.12,新能源产业投资与碳排放强度系数分别为-0.27、-0.07和-0.01。

③德国模式。技术和规模效率共同推动型。技术和规模效率共同推动型是指依靠技术进步和规模效率来提高宏观投资效率和改善宏观经济效应,这种类型的国家主要是德国。从宏观投资效率影响指标来看,德国的宏观投资效率保持年均9.2%的增长速度,一方面来自技术进步的推进,年均增长率为8.7%;另一方面来自规模效率的推进,年均增长率为4.1%。从宏观经济效应影响指标来看,技术进步可以降低碳排放强度(系数为-0.06),能源强度的降低(系数为0.68)也能大大降低碳排放强度。投资与经济增长系数为0.08,投资与就业增长系数为0.2。

7.4　国际新能源产业的投资经验与教训

7.4.1　国际新能源产业的投资经验

(1)投资成功的国家

从上述实证分析可知,投资成功的国家主要有德国、巴西、西班牙。德国、巴西、西班牙的宏观投资效率都大于1,新能源产业投资对经济增长、就业增长、碳排放强度减少和新能源消费比例的提升都有积极的正向作用,尤其是德国的宏观投资,在新能源产业投资额逐年减少的情况下,对宏观经济仍然有较大的促进作用。

(2)投资曲折的国家

从上述实证分析可知,投资曲折的国家主要有中国、美国和印度。中国新能源的宏观投资效率虽然大于1,但不是依靠技术进步带来的提升,而是依靠规模效率的提升。在宏观经济效应分析中,虽然新能源产业投资对经济增长、就业增长和碳排放强度降低有一定的作用,但是促进效果不明显,而且在提升新能源消费比例和增加能源经济安全上反而具有负向作用,说明我国在新能源产业投资中存在体制和机制问题。

印度的新能源宏观投资效率小于1,也是主要依靠规模效率的提升,不是依靠技术进步的提升。印度技术效率年均增长13%,纯效率规模年均增长20.3%,技术进步指数年均减少幅度为5.9%,纯技术效率年均减少幅度为3%,说明印度的新能源产业投资在管理能力上存在差距。在宏观经济效应实证分析中,新能源产业投资在促进经济增长、碳排放强度减少和新能源就业上有一定的作用,但作用不明显。新能源产业投资与新能源就业存在负向关系,说明投资对就业的拉动作用不大。

美国新能源宏观投资效率小于 1，也是主要依靠规模效率提升，不是依靠技术进步的提升。美国技术效率年均增长 11.4%，纯效率规模年均增长 12.5%，技术进步指数年均减少幅度为 5%，纯技术效率年均减少幅度为 1.7%，说明美国的新能源产业投资在管理能力方面存在差距。在宏观经济效应实证分析中，新能源产业投资在促进经济增长、就业增长和新能源消费上有一定的作用，但不明显。新能源产业投资与碳排放强度减少存在正向关系，说明投资对碳排放的减少作用不明显。

通过对六国新能源产业投资成功和投资曲折的国家政策对比，可以看出，采取固定上网电价制度的国家很多，采取固定上网电价的国家既有成功的，也有失败的。因此上网电价制度并不是决定新能源产业投资成功与否的关键，重要的是固定上网电价制度下的投资策略和政策措施，如新能源产业投资的战略定位、要素的市场化改革、能源公共安全与经济安全的履行和国家能源监管机构是否设立等。

德国、西班牙、巴西新能源产业投资的成功主要是由于新能源投资战略定位兼顾了新能源投资的产业性、公共性和网络性，并采取了渐进式的投资策略。

①注重产业性。从德国、西班牙、巴西的成功案例来看，都是非常重视新能源投资的产业性，把新能源投资作为产业来发展，并制定了相关的产业政策，将产业发展与能源发展紧密相连，即产业发展就是能源发展，产业革命就是能源革命。

②注重公共性。能源不仅是社会生产的物资资料，也是居民生活的必备品，因此满足社会生产和居民生活的能源需求是新能源产业投资的重要因素。由于德国、西班牙和巴西三个国家都是能源进口国，能源缺口较大，社会生产和居民生活难以得到保证，造成企业限电拉闸，部分居民不能完全享受能源。从三个国家新能源产业投资的成功经验来看，在发展新能源产业时都比较重视能源的公共需求。

③加强电网建设。德国、西班牙和巴西的新能源产业投资不仅重视能源的公共性，还非常重视新能源电网的建设，包括大电网、微网和智能电网的建设。德国和西班牙不仅重视本国电网建设，而且积极参与欧洲电网互联的建设，与法国、丹麦、英国等电网进行能源交换，充分利用本国能源与他国能源进行优势互补。通过电网建设，极大避免了电力波峰和波谷问题，减少了弃风和弃光现象。

④注重供需市场平衡。新能源产业投资成功的国家除了加强新能源技术革新和为市场提供有效供给外，还注重新能源的消纳，实现供需平衡。如德国在 2010 年新能源产业投资额达到顶峰，为 35.23 亿美元；随着市场的慢慢饱和，逐步减少了投资；到 2016 年投资额仅为 13.2 亿美元；但新能源消费比例却不断提升，到 2016 年新能源消费比例达到 11.99%（不含水电），是 2004 年以来的最高水平。从德国纯技术效率变化可以看出，2004—2016 年德国纯技术效率指标平均值为 1.051，年均增长 5.1%，说明德国管理能力和水平在逐步提高；纯效率变化指标平均值仅为 0.989，年均减幅为 1.1%，说明德国不再依靠规模增长来提升效率和效应，而是依靠技术进步、管理能力和市场消化来提升效率和效应。

⑤采取渐进式市场化投资策略。2017 年，德国可再生能源发电比例占 33%，其成功

的关键是采取了渐进式市场化改革。德国根据新能源的成本变化和市场情况及时调整政策，如上网电价从最初的固定上网电价，到 2014 年实行溢价补贴机制，到 2017 年通过招标的方式确定新能源补贴额度。因此，德国新能源发展不仅采取了市场化改革，而且根据实际情况调整相应政策，改革路径清晰，循序渐进。

总之，从德国、西班牙和巴西的新能源产业投资经验来看，成功的原因是掌握了新能源产业投资的本质，即兼顾产业性、公共性和网络性三者关系，并在投资策略上采取了渐进式的市场化改革。

7.4.2 国际新能源产业的投资教训

从美国和印度新能源产业投资的曲折经历来看，主要是未能兼顾新能源产业投资的产业性、公共性和网络性，即或忽视产业性，或忽视公共性，或忽视网络建设。

（1）忽视产业发展规律

印度新能源产业的投资效果与预期目标存在较大差距的一个重要原因就是忽视了产业发展基本规律。根据印度政府 2008 年的国家气候变化行动计划，到 2010 年可再生能源购电比例达 5%，此后每年增加 1%，到 2020 年达到 15%。根据规划到 2013 年该比例需达8%，而实际只有 5%。出现这种现象的原因，一是新能源产业规划没有充分考虑各地新能源发展水平，部分地方可再生能源资源不足，许多地方没有完成配额，发电装机容量不够。二是缺乏产业投资管理。对产业投资政策缺乏监督，实施主体责任划分不清晰，对实施结果没有奖励和惩罚。

（2）新能源电网建设滞后

印度的新能源电力使用占比不及预期的主要原因：一是新能源电网建设滞后，特别是大区互联电网建设薄弱，新能源资源分布在东部和北部地区，而消费市场在南部和西部地区，东电西送电网建设落后，造成部分地区电力短缺，拉闸限电。二是印度输电网和配电网分立，造成印度电力管理和调控能力差，电网投资利润率低，一旦有异常，容易引发连锁反应。

（3）市场机制不灵活

新能源产业投资实行市场化改革，一方面要求新能源产业投资市场化，另一方面要求市场机制灵活。印度新能源产业投资也存在市场机制不灵活的现象，印度实行上网电价配额制，配额制是最低限价，尤其是太阳能发电配额制每度电达 15 美分，大大高于政府固定上网补贴电价，造成获取的配额证书有价无市，对新能源产业投资没有促进作用。

（4）忽视供需市场平衡

新能源产业投资的目的就是为了使新能源供需市场达到平衡。投资较为曲折的国家忽视了它的重要性，如 2004—2016 年美国新能源产业年均投资额约为 32.79 亿美元，但到 2016 年美国新能源消费占比仅为 3.69%（不含水电），远远低于预期。忽视新能源消费市场是导致美国消费比例不高的主要原因，从宏观经济效应实证分析来看，美国新能源产业投资对新能源消费比例的提升作用不明显，系数仅为 0.09，其促进效果远远低于巴西和西班牙。

(5)激进式投资

从英国的新能源产业发展早期效果来看，投资效果并不明显。为了完成欧盟到 2010 年可再生能源发电占比达 10% 的目标，英国政府没有采取渐进的固定上网电价制度，而是直接采取可再生能源配额上网制度。在实施该制度的同时，没有相应的配套措施和监管方案，造成该制度"名存实亡"，反而阻碍了新能源产业的投资和发展。到 2010 年，英国可再生能源发电占比仅为 6.8%，远未达到预期目标。

7.5 国际新能源产业投资对我国的借鉴意义

通过比较国际新能源产业投资宏观经济效应，总结其经验，对我国新能源产业投资有以下几点启示。

7.5.1 明确新能源产业投资战略定位

从国际新能源产业投资的成功经验和曲折教训来看，一是要兼顾"三性"基本原则，二是要明确投资战略定位。

(1)投资基本原则：兼顾"三性"

国际新能源产业投资的普遍做法是兼顾产业性、公共性和网络性，不偏缺任何一方。如果只注重公共性，就会导致新能源发展落后，跟不上国际步伐；如果只注重网络性，则新能源产业发展无法与市场接轨；如果只注重产业性，则无法保障能源使用的公益性和公共性。因此，新能源产业投资必须兼顾"三性"。新能源产业投资的公共性和网络性要求政府经营，但新能源产业性允许民营。因而新能源产业投资既可采用政府经营，也可政府和民营共同发展，甚至完全民营，但无论采取哪种形式，均要统筹兼顾新能源投资的产业性、公共性和网络性三者的关系。目前我国新能源产业处于快速发展阶段，投资过程中要吸收国际新能源产业投资经验，兼顾产业性、公共性和网络性，三者紧密相连，缺一不可。

(2)投资重点：明确投资战略定位

20 世纪 90 年代，世界各国的新能源产业投资政策时断时续，新能源产业发展主要是应对中东石油危机带来的油价高涨，新能源战略定位不明确。进入 21 世纪后，在经历次贷危机和金融危机后，美国新能源产业发展也遭受了巨大的阻力。在奥巴马上台之后，确立了绿色能源新政，极力推动新能源产业发展，把新能源产业投资和发展放在国家战略地位，并通过立法加以明确。

7.5.2 推行渐进式市场化改革

要同时兼顾新能源产业投资的"三性"原则，新能源产业投资需采取渐进式市场化改革策略。渐进式市场化改革，一是立法先行，二是要进行市场化改革，三是采取渐进式策略。

(1)投资前提：立法先行

通过比较，凡是新能源产业投资和发展较好的国家，往往是立法先行，通过立法保障新能源产业的地位、发展目标和提高公众对新能源的认识，确保各部门在政策执行时有法律依据，以便新能源产业发展政策的顺利实施。如美国先后颁布了《能源政策和节能法案》《国家节能政策法案》《国家能源综合战略》《国家能源政策法》《联邦能源独立与安全法案》《美国复苏和再投资法案》和《美国清洁能源与安全法案》。日本先后颁布了"新能源产业开发计划"、《替代石油能源法》《再生资源利用促进法》《促进新能源产业利用的特别措施法》。欧盟先后颁布了《可再生能源战略和行动白皮书》《能源供应安全的绿皮书》《促进可再生能源电力生产指导政策》《关于温室气体排放限额交易体系的指令》和欧盟排放交易体系。印度先后颁布了《能源节约法》《电力法》《国家新能源战略》和《能源综合政策报告》。巴西先后颁布了《国家生物柴油生产和使用计划》和《国家气候变化法案》。

(2)投资核心：市场化改革

国际新能源产业投资的市场化改革，一是对新能源产业投资主体进行市场化改革。政府通过大力宣传新能源市场改革政策和制度，让社会公众一起参与，并通过特许经营授权，允许民营企业进入新能源市场，加快了新能源产业投资速度。二是对新能源的应用推广进行市场化改革。为推动新能源产业发展，欧盟对新能源上网电价进行了市场化改革，投资初期基本采用政府颁布的标杆电价制度，如采用固定电价制度和配额制。随着新能源的成本下降，后来主要采取市场化的竞标电价制度。

因此，对新能源产业投资主体进行市场化改革，如实现公私合营，可以有效促进新能源产业发展。

(3)加快我国能源互联网建设

新能源电力市场改革主要是实现"网""业"分离。"网"是指电网，"业"是指能源生产者和能源消费者。未来的电网不再局限于目前的垂直式的大电网，而是包括众多"微网"，具有较强的灵活性。政府主要负责网络建设，能源生产者和能源消费者众多，生产者可以与"电网"直接接触，也可以通过"电网"与消费者间接接触，提供能源供给。未来电网突破传统狭隘的电网概念，不再局限于单一电网、单一国家、单一城市或单个领域，而是一个包含了多部门、多区域、多国家的多种多样的能源网络体系。

(4)推进新能源上网电价竞争机制

由于新能源产业投资成本高、周期长，发展初期主要依靠政府的补贴支持，随着新能源的开发利用，新能源电价逐步走向市场化。因此，在新能源产业投资和发展的市场化过程中，需要建立一套逐步市场化的运行机制。运行机制包括补贴机制、上网电价机制、金融支持机制等，如德国的上网电价机制，从最初的固定上网电价制度转向市场竞争电价机制。因此，我国新能源产业发展也需加快新能源电力和运行机制的市场化改革步伐。

(5)投资关键：渐进式

德国新能源产业投资成功的关键是采取了渐进式策略，从新能源上网电价制度的改革历程来看，先后经历了固定上网电价、配额制、差额电价、竞标电价。德国政府根据新能源产业的投资进度分别实施不同的电价制度，既促进了新能源产业发展，节省了电价成本，又激活了新能源市场。

7.5.3 加强供给升级和需求端应用推广

(1)推进我国新能源应用的消费升级

从国际实证比较来看，新能源产业投资对提升美国、印度和西班牙的新能源消费有较大的促进作用。虽然德国新能源产业投资对新能源消费的提升作用不显著，2011年以来，投资金额呈下降趋势，但从新能源消费比例来看，一直呈现增长趋势。从德国的实证分析来看，每降低1%的单位GDP能耗，可以提升1.38%的新能源消费比例，说明德国已转型依靠技术进步来提升新能源消费比例。我国新能源产业投资对新能源消费比例的提升不显著，且为负向关系，说明我国存在体制上的问题，出现"重投资、轻应用"和"重生产、轻消费"的现象。因此，需加快推进我国新能源应用的消费升级，提高新能源消费比例，保障我国的能源经济安全。

(2)加快我国产业结构调整和优化

从国际比较来看，美国和巴西的产业结构调整对经济增长有较大的促进作用，我国产业结构调整对经济增长也有促进作用，但增长效应较小。我国产业结构与碳排放强度系数为1.19，远高于美国的0.93和巴西的0.72。因此我国产业结构调整还有较大的空间；加快第三产业占比，不仅促进经济增长，而且还能降低碳排放强度，实现经济可持续发展。

(3)提高我国新能源产业核心技术水平

传统化石能源经历了几十年的发展，加上大量的资金投入，如今的化石能源开采成本较低。而新能源产业发展时间不长，无论从资金规模来看，还是从发展时间来看，与化石能源相差较大。我国在技术、资本和市场都缺乏的情况下，只有依托进口技术才能发展新能源，产品却出口欧美等国，导致"两头在外"现象。从实证分析来看，2005—2007 年，我国规模效率指标分别为 1.763、1.367 和 1.916，而技术进步指标仅为 0.647、0.803 和 0.488，到 2008 年才开始逐步掌握核心技术。2008—2010 年，技术进步指标呈上升趋势，分别为 1.342、1.411 和 1.258，之后逐步稳定在 1 附近，技术进步对经济拉动系数为 0.18。因此，提高核心技术水平，不仅能提高宏观投资效率，还能促进经济增长。

7.5.4 健全我国新能源产业投资政策

德国、西班牙等国家的经验表明，由于新能源产业投资的高成本、高风险性质，加上新能源的国家战略地位，要求新能源产业投资政策保持稳定性。如美国为了保持新能源产业投资补贴政策的稳定性和持续性，政府补贴分为直接补贴、税收补贴、研发补贴、特殊优惠和贷款担保等多种形式。如果不是有稳定的、持续的和连贯的政府措施保障，德国的风电和太阳能的投资也不可持续，也不能实现德国风电和太阳能电价的竞标上网和平价上网。

因此，保持我国新能源产业投资和发展政策的稳定性，对新能源产业投资有巨大的促进作用，高效、竞争和稳定的能源政策是保证国家能源安全不可或缺的一部分。

8　有效促进我国新能源产业发展的投资思路和政策建议

8.1　有效促进我国新能源产业发展的投资思路

我国新能源产业的投资思路要符合产业发展规划和投资战略，根据新能源产业投资的"三性"基本原则，即产业性、网络性、公共性，并采取渐进式的市场化改革。

8.1.1　需明确新能源产业投资战略定位

不同的投资战略定位，关系到不同的发展措施，也决定了不同的发展模式，投资战略定位对新能源产业投资具有重要作用。从国际新能源产业投资的战略定位来看，主要有英国的"低碳经济"战略、美国的"经济复兴"战略、日本的"5E"战略、德国的"能源替代"战略、巴西的"能源独立"战略和印度的"能源供应和经济安全"战略，这些战略定位也影响了各国的新能源产业发展成果。因此，我国发展新能源产业前需对新能源产业投资进行战略定位。

8.1.2　侧重以供给侧结构性改革为抓手

当前我国新能源产业投资遇到的问题主要有技术进步慢、投资管理能力不强、规模经济性不高、新能源应用消费不足、弃风弃光现象严重、第三产业占比低等问题。而这些问题也是我国经济步入新常态下的棘手问题，需要在理论和实践中运用供给侧结构性改革去破解经济发展中遇到的问题。因此，我国新能源产业投资应以供给侧结构性改革理论为抓手，进行内生变量改革和外生变量改革。内生变量主要是要素市场改革，包括劳动力市场、资本市场、技术市场、土地市场和消费市场。外生变量主要是制度创新、机制改革和政策调整。

8.1.3　强调市场化改革道路

新能源市场化改革包括对投资规划、投资主体、投资补贴和新能源电网等方面进行市场化改革。投资规划的市场化改革，主要是避免各级地方政府"蜂拥而上"抢项目和重复建设；投资主体的市场化改革，主要是激活投资市场，鼓励民间资金和公众消费者共同参与新能源投资；投资补贴的市场化改革，主要是根据新能源成本，有序降低补贴，提高市场竞争性；新能源电网的市场化改革，主要是鼓励在发、输、配电方面进行市场化改革，鼓励新能源微网发电的消费比例。

8.1.4　实现"增速替代"向"增量替代"和"总量替代"转变

由于我国新能源产业投资起步晚，因此不能急功近利，应采取渐进的投资方式，依次以"增速替代""增量替代"和"总量替代"为目标进行投资。

（1）实现新能源产业投资"增速替代"

新能源产业投资第一阶段是"增速替代"，即化石能源产业投资和新能源产业投资增加金额同时增长，但是新能源投资增速大于化石能源投资。我国新能源产业投资起步晚，基数小，2004 年我国新能源产业投资增速高达 187%，经过十几年的高速增长，2004—2016 年，我国新能源产业投资平均增速为 36.56%，该期间传统化石能源产业投资平均增速为 12%。因此增速替代早在 2004 年就已实现，且"增速替代"会一直持续到 2030 年。

（2）实现新能源产业投资"增量替代"

新能源产业投资第二阶段是"增量替代"，即化石能源产业投资和新能源产业投资绝对金额同时增长，但是新能源新增投资额大于化石能源投资额，该阶段持续到 2030 年。随着新能源的技术突破、全球资源整合、产业装备的持续升级，新能源大规模应用的时代已经到来。2004—2016 年，我国新能源产业投资平均增速为 36.56%，而该期间传统化石能源产业投资平均增速为 12%，考虑到未来增速放缓，增长速度按各自 2004—2016 年的平均增长速度的 50% 测算，即新能源产业投资和传统能源产业投资分别按 18.28% 和 6%增速来计算，并以 2016 年投资额为基准，新能源产业每年新增投资额要超越传统化石能源约需 14 年，即到 2030 年，每年新能源产业新增投资额将超过化石能源产业新增额，届时每年新能源产业投资额约为 5.33 万亿元。

（3）实现新能源产业投资"总量替代"

新能源产业投资第三阶段是"总量替代"，即新能源累计投资额大于化石能源累计投资额，该阶段持续到 2034 年。2004—2016 年我国新能源产业累计投资额为 3.83 万亿元，投资平均增速为 36.56%，传统化石能源产业由于投资早，从 1985 年至 2016 年，累计投资额为 25.91 万亿元，新能源产业投资和传统能源产业投资分别按 18.28% 和 6% 的增速来计算，新能源产业每年累计投资额要超越传统化石能源约需 18 年，即到 2034 年，新能源产业累计投资总将超过化石能源产业累计投资总额，届时新能源产业累计投资总额约为 78.78 万亿元。

因此，到 2034 年，随着新能源累计投资额超越传统化石能源投资总额，我国新能源消费占比达 35%，加上大型水电可再生能源，合计占总消费量的 50% 以上。

8.2 有效促进我国新能源产业投资的政策建议

8.2.1 构建我国新能源产业投资战略

(1)遵循新能源"三性"基本原则

通过比较国际新能源产业投资的经验和教训，可看出投资成功的原因是遵循了投资的"三性"基本原则，反之则是违背了这一基本原则。因此，我国新能源产业投资需遵循投资的基本原则：①必须兼顾产业性、公共性和网络性。在投资中既要吸取印度、美国投资遭遇的教训，也要借鉴投资成功国家的经验；既要注重新能源产业投资的产业性，又要兼顾新能源的公共性和网络性，三者紧密相连，缺一不可。②必须注重新能源供需市场平衡。③必须坚持渐进式市场化改革。在新能源产业投资道路上，既不能学印度和美国的慢发展道路，也不能学西班牙的激进式发展道路，宜采取德国和巴西等国渐进式的市场化道路。

(2)立法先行

国际新能源产业投资经验表明，首先确保立法先行，各国先后颁布了节能减排和新能源产业政策，以促进新能源产业的大力发展。由于能源政策与能源规划是一项庞大的复杂工程，需要在国家层面上有统一的能源管理部门专门负责能源政策制定、能源规划和能源立法等工作。美国、德国的经验表明，稳定的碳税、排放交易制度等政策有利于发展一国的新能源产业。反之，英国新能源产业政策存在反复，在上网电价配额制和绿色证书效果不行的情况下推行固定上网制度，政策的不稳定导致英国新能源产业发展缓慢。因此，我国新能源产业投资需确保该产业的法律地位。

(3)确定投资战略

国际新能源产业投资注重投资战略性，同样需要兼顾产业性、公共性和网络性。产业性包括拉动经济增长和就业增长，公共性包括注重能源价格的持续性、可接受性，以确保实现经济可持续发展和能源经济安全，而网络性强调加强市场化改革，对电网的发、输、配电环节进行改革，建立大电网+微网+智能电网的网络系统。我国新能源产业投资战略定位同样也要兼顾"三性"，可定位为"技术领先+低碳经济+智能电网"，实现新能源技术革命、产业革命、能源革命的目标。

世界众多国家认为新能源产业不仅将成为保障各国能源供应安全的重要产业，而且有望成为引领第三次技术革命的产业，带动一国经济增长和提升国际市场竞争力，更是各国环境保护、节能减排、建设生态文明的重要产业。世界主要国家都相应建立了新能源的战略地位，如日本为应对资源缺乏、能源自给率低的情况(仅为4%左右)，在1955年颁布了《原子能基本法》，确立了优先发展核电的国家战略。相对于传统能源，新能源成本优势不明显，且存在克服自然条件、技术攻关等大型难题，从而也决定了新能源从补充能源先后演化为替代能源、主流能源、主导能源等角色，其角色转换过程具有长期性、艰巨性的特点。因此，只有先确立新能源产业发展的战略地位，并制定新能源产业发展目标，实施有力的技术、财税、融资等相关政策工具，才能更好更快地推进新能源产业发展。

（4）注重新能源产业投资目标多重性

世界各国新能源产业发展目标具有多重性，主要包括以下几个方面：

①强调能源安全和降低能源对外依赖。欧盟从一开始就强调能源供应安全，坚持将新能源作为替代能源，并希望新能源产业走在世界前列，充当行业领头羊，同时起到保护环境和减少碳排放的目的。美国的能源供应安全强调提高本国能源自给率，如开发页岩气等新能源，减少对外依赖度。

②强调经济增长和可持续发展。一方面，全球金融危机后，许多金融和实体企业破产倒闭，经济不景气，迫使各国寻找经济发展的"新引擎"。另一方面，全球传统能源的生产和消费对生态环境造成严重破坏，如 2010 年的"墨西哥湾漏油事件"造成的生态灾难，以及全球变暖、酸雨、土地沙漠化、水污染等一系列生态问题。根据 BP 公司统计，2016年世界石油、煤炭和天然气采储比分别为 50.6 年、153 年和 52.5 年。因此寻找一种能够保持低碳经济且可持续发展的道路迫在眉睫。

这两种因素的存在使世界新能源产业得到快速发展，因新能源不仅可以满足经济增长的需要，而且可以保护环境和实现经济可持续发展。联合国工业发展组织（UNIDO）总干事坎德赫认为，到 2030 年，全球对新能源和可再生能源的消费占能源总消费的 30%以上。可见，新能源产业发展不单是一种热潮，而且是各国促进经济增长和实现经济可持续发展的重要手段。

（5）建立良好的投资环境

良好的投资环境有利于促进新能源产业投资，其中最重要的投资政策是新能源电力上网制度。2000 年，德国《可再生能源法案》实行固定上网电价制度，这一制度使德国可再生能源电力得到快速发展，从 1991 年可再生能源电力消费占 3.1%，增加到 2002 年的7.8%，2014 年达 27%，2017 年达 33%，到 2020 年达到了 35%。我们还可以从英国上网电价制度的调整看出其重要性，英国最先采取的是配额制度，由于缺乏监督和管理，造成英国新能源发展缓慢。2010 年英国可再生能源电力消费占比只完成了 6.8%，未达到 10%的目标，随后英国调整了上网电价制度，采取差价合同和配额制并行政策，同时颁布监管方案和惩罚措施，取得了较好的效果，到 2017 年，英国可再生能源电力占比达 30%。因此，建立良好、灵活的投资政策对我国新能源产业发展有较大的促进作用。

(6)进一步厘清政府与市场的关系

政府职能主要有管理、监管和服务职能,厘清政府与市场的关系,可以有效促进新能源产业投资。

①要厘清政府的管理职能和监管职能。政府管理职能包括制定新能源产业规划、调节产品价格、核算投资补贴和监管考核等。我国新能源管理部门是国家能源局,但它不拥有能源产品价格的定价权,其价格由国家发改委制定。从德国、西班牙能源管理体制经验来看,建成与市场监管相匹配的现代能源监管机构,实行独立的行政处罚权,由"政府定价"转向"市场定价",推行"行业管理"为主的监管方式。

②厘清政府与市场的关系。政府和市场是供给侧结构性改革的主要力量,是促进新能源产业投资的关键。首先要发挥政府的引导功能。政府引导是促进新能源供给侧结构性改革的外在动力;其次要发挥市场在资源要素配置中的作用,市场驱动是促进供给侧结构性改革的内生动力。通过政府和市场的双轮驱动,不仅能促进能源行业市场化改革,降低新能源投资门槛,还能引入新的投资者,鼓励和加强市场竞争。

③厘清政府与企业的关系。厘清政府和企业的关系,主要是要分离政府监管职能和企业经营职能,政府负责新能源行业的监督管理,企业负责新能源产业的投资。当前我国新能源产业投资仍由国有企业主导,而国有企业股东大多是中央政府和地方政府,容易导致监管权和经营权的集中,造成既是"运动员",又是"裁判员"的角色混乱,以及对民营企业"厚此薄彼"的差异对待。因此,需分离政府监管权和企业经营权,使民营企业在新能源投资市场中得到平等对待。

8.2.2 加快新能源互联网建设

我国新能源装机容量主要集中在甘肃、敦煌、酒泉等"三北"地区,虽然装机容量不断增加,但很大一部分处于停工状态,即便发电,电力也无法通过电网输送出去。造成新能源电力无法输送的原因主要有:一是当地消纳能力有限,而跨省、跨区域输送通道受阻。二是电网建设跟不上电源建设步伐,加上电网审批周期长,导致新能源输送受限。三是地方政府新能源项目规划与国家新能源发展规划不统一,造成新能源消纳难。因此要消除弃风和弃光现象,需要在全国范围内统一规划,合理部署,加快电网规划和投资,实现能源互联和互通。主要措施有以下三点。

①以"一带一路"为契机,推动国际能源互联。由于我国新能源资源在"三北"地区,因此可按照国家"一带一路"倡议,与沿线国家开展能源互联,增加就近消纳能力。

②加快国内能源互联网建设。一是充分利用我国区域资源优势,融合互联网技术、智能电网技术和能源网络技术,建立以大区域输电系统和局部微电网系统组成的新型能源互联网。该互联网不再是传统垂直的"生产—消费"关系,而是环形的"生产—交换—消费"关系,生产者和消费者是能源的主体,通过电网进行买卖结算。二是加大智能电网的科技攻关。智能电网基于互联网技术,对能源生产和消费实时监测、高效调度和管理,可实现

能源供给结构优化。智能电网的开发是绿色产业革命的中心支撑点，不仅降低了能源输送损耗，而且能提高国家电网的安全系数。

③加快电网改革。电网改革的关键是处理好拆分电网和开放电网。拆分电网是对发、输、配、售电业务进行分离。开放电网是放开垄断，在输配电环节允许电网公司为单一购买者模式服务，也允许接入第三方平台公司电力；发电业务的放开，即允许接入民营企业的发电；售电业务的放开，即允许电力销售者和消费者参与市场竞争。

8.2.3　采取渐进式市场化推进

（1）投资规划市场化

新能源产业规划主要是对产业的区域发展、市场容量、投资规模、产品结构和市场秩序等多方面进行规划。区域发展规划是根据我国区域的新能源产业发展特色、技术和优点，制定区域发展规划，避免重复建设和盲目建设。市场容量规划主要是通过市场调研，了解新能源市场的供需，制定总体市场发展规划。投资规模规划主要是根据市场容量，制定相应的投资发展规模，适当降低新能源产业集中度，防止新能源产能过剩。产品结构规划主要是根据市场产品的供需结构，采取产品差异化等手段来控制我国新能源的产品结构，防止产品过度集中。市场秩序规划主要是采取行政手段，如禁止竞争者共谋、限制卡特尔及禁止价格歧视等措施，对新能源产业市场进行有序调控。

（2）投资主体逐步市场化

从我国新能源产业技术进步来看，2005—2007 年技术进步增长率为负数，分别为 -35.3%、-19.7% 和 -51.2%。说明这段时间的自有技术研发落后，主要依靠外来技术。随着对外来技术的消化和国内自主品牌的建立，2008—2010 年，技术进步增长较快，分别增长 34.2%、41.1% 和 25.8%。技术的进步主要是来自研发资金的投入，包括政府的 R&D 投入和企业的 R&D 投入。新能源产业不仅需要政府的研发投入，还要利用市场手段促进企业投入研发，鼓励非政府组织以及研究所等单位加大研发投入。单靠政府的研发投入，新能源技术提升作用缓慢，因而需实现投资主体多元化，才能满足新能源产业发展的需要。

新能源产业的投资主体也只有多元化才能为经济的发展提供充分的保障。日本、美国和欧盟的新能源产业投资主体已经实现多元化，不仅有政府投资、市场投资，还有非政府组织等其他投资。在美国，越来越多的民营企业承诺使用 100% 的新能源电力，如谷歌和脸谱公司，承诺利用新能源电力为他们的数据中心供电，这样就增加了数十亿美元的清洁电力项目投资。新能源产业投资的公共性和网络性要求政府经营参与，但新能源的产业性允许民营参与。因此，新能源产业投资既可采用政府经营，也可政府和民营共同经营，甚至采取完全民营的形式。但无论采取哪种形式，均要统筹兼顾新能源的产业性、公共性和网络性三者的关系。我国新能源产业投资处于快速发展阶段，在投资过程中要吸取国际新能源产业的投资经验，兼顾产业性、公共性和网络性，三者紧密相连，缺一不可。

因此，新能源市场投资主体的市场化改革，可以增加技术引进和激发市场竞争。

(3)投资补偿机制逐步市场化

目前，我国新能源产业投资补偿方式主要有直接补贴、价格补贴、贴息贷款和税收优惠等，其中以价格补贴为主。随着新能源技术成本下降，各类补贴额度也呈现下降趋势，并逐步向市场接轨。价格补贴主要是新能源上网电价补贴，该补贴也是最重要的补贴，对新能源产业投资有导向作用。当前，我国采取的是固定上网电价制度，政策单一，出现了大量的弃风、弃光和局部的拉闸限电现象，这既是体制问题，也是我国新能源发电上网电价机制不健全的问题。因此，我国上网电价补贴机制可吸取德国新能源上网电价改革模式，采取逐步市场化模式，根据新能源投资成本变化，制定不同的上网电价制度，主要有差额电价制度、配额制度、竞标电价制度等。

8.2.4 加快新能源供给侧结构性改革

供给侧结构性改革就是要矫正供需结构错配和要素市场扭曲，解决供给与需求不平衡问题。一是要内生变量市场化改革，二是要外生变量市场化改革。

(1)内生变量改革

新能源要素市场改革是内生变量改革，通过推动新能源产业生产领域要素市场化改革，有利于减少资源扭曲和错配，实现效率和效应最大化，降低生产成本，提高要素供给效率和质量，提高产业国际竞争力。

从我国新能源产业全要素投资效率实证分析来看，存在两个问题：一是技术进步效率不高。2004—2016年我国新能源产业全要素投资效率平均值为1.03，技术进步平均值为0.973，技术效率变化平均值为1.145。虽然我国新能源产业全要素投资效率年均保持3%的增长速度，但依靠的是规模效率的提升，而技术进步指数却呈现每年减少的趋势，年均减少幅度达2.7%。因此需加快技术进步水平才能有效提高技术进步效率指标。其措施包括加强教育培训、提高规模经济和加强企业组织管理培训。二是纯技术效率变化不大。2004—2016年我国新能源产业纯技术效率平均值为1.014，纯规模效率平均值为1.13。由此可以看出，我国新能源产业在投资管理能力和规模经济上存在差距，其原因主要是政府与市场的关系未厘清、国有企业和民营企业的职责未理顺。因此，对新能源产业投资进行体制优化可以有效改善组织管理、优化配置资源和提高全要素生产效率。

因此，提高新能源要素市场改革是促进新能源产业投资的关键，要素市场改革主要包括劳动力、资本、技术和土地市场。

①新能源产业劳动力市场。由于新能源项目大量上马，需要很多专业技术人员，但市场有效供给人员不足，技术熟练度不够，很多人不能很好地适用工作岗位。因此，要加大人力资本投入，培养一批与新能源相关的专业人士，提高劳动力供给质量，以便更好地满

足我国新能源产业发展需要。

②新能源资本市场。新能源资本市场存在金融抑制现象，国有企业利用自身背景、市场和规模优势，可以较容易地获得银行等金融机构的贷款，而民营企业存在信用、市场等方面的劣势，较难获得金融机构的贷款资金。因此，加大新能源产业绿色信贷投资支持可以有效激活民营企业的创业氛围和创业热情。

③新能源技术市场。2004—2016 年，尽管我国新能源产业宏观投资效率达到年均6.5%的增长幅度，但主要依靠规模效率的增长。从时间序列来看，我国新能源产业投资规模效率波动大，主要原因：一是政策变动大，缺乏统一和稳定的政策环境，导致资源不能合理配置；二是虽然我国加大了新能源产业的投资力度，但主要用于终端补贴，支持新能源产业的应用与安装，对研发投入和核心装备技术支持不够，导致技术进步缓慢。

德国和美国等发达国家在新能源技术研发领域走在世界前列，引领了全球新能源产业前进的步伐。我国新能源产业投资规模很大，已经成为风电装机第一大国、太阳能电池生产第一大国，但不是强国，原因是基础研发投入不足，核心技术主要靠进口。因此，要加大政府研发投入，鼓励企业研发投入，形成自有知识产权，提高新能源技术自主创新能力和国际竞争力。

④新能源土地市场。新能源的开发和利用需要占用大量的土地，如风电、光伏和光热发电项目。因此，探索新能源土地利用和开发市场，如太阳能屋顶发电、渔光互补、厂房屋顶发电等，可以降低新能源利用的土地成本，节约资源。

⑤新能源消费市场。2004—2016 年，我国新能源产业投资保持 36.5%的增长速度，但新能源消费比例的提升不大，甚至存在负向关系。我国现行的新能源财政补贴主要集中在研发补贴、投资生产补贴、上网电价补贴、贷款利息补贴，缺乏新能源消费补贴。因此需要加大对新能源产品消费补贴。如加大对新能源汽车的购置补贴和企业生物质能产品使用的消费补贴，以带动新能源消费市场，促进新能源上下游投资和发展。

（2）外生变量改革

在供给侧结构性改革的背景下，新能源产业投资外生变量改革主要包括制度创新、产业结构调整和财税政策优化，目的是提高能源供给质量和效率，调整能源供给结构，为经济增长提供持续动力。因此，推动新能源产业投资外生变量改革是解决能源消费结构不合理和新能源消费不足的有效措施。

①制度创新。对经济增长起决定性作用的是制度性因素，而非技术性因素。因此，要发挥新能源产业投资对经济增长的促进作用，需大力进行制度创新。如设计灵活、有效的新能源上网电价制度，实行有奖惩措施的机理制度，出台新能源产业投资管理制度。

②产业结构调整。美国、巴西和西班牙的第三产业占比均超过 70%，而我国一直在58%左右徘徊，从产业结构对经济增长的实证增长系数来看，巴西、美国和西班牙的新能源对经济增长拉动作用较强。巴西、美国和西班牙的产业结构对经济增长的拉动系数分别

为 5.86、2.43 和 1.74，而我国产业结构拉动经济增长的系数仅为 0.14。在促进就业增长方面，我国产业结构拉动就业的系数为 0.47，美国为 1.38，远远超过我国产业结构对就业增长的贡献。从我国产业结构拉动新能源消费占比的系数来看，每提高 1% 的第三产业占比，可以提高 3.873% 的新能源消费占比。

因此，产业结构调整，尤其是提高第三产业占比，对提升新能源消费水平和提高能源经济安全有重要作用。

③财税政策优化。通过财税政策支持，加大技术研发投入，解决当前新能源开发利用成本高的问题。新能源开发利用成本主要有技术成本和非技术成本。非技术成本的降低主要有三个方面：一是降低土地使用成本。随着土地资产价格上涨，租金成本上升，政府可以通过给企业返还部分土地租金的方式来降低土地使用成本；二是降低人力成本。人力成本包括新能源项目设计、工程安装、工程验收等环节的人力成本，可通过开展新能源技术指导和人员培训，以降低人力使用成本。三是降低交易成本。交易成本包括增值税缴纳成本、电网接入和送出成本、优惠贷款利率成本等。因此，制定合适的土地出让税费政策、增强人力资源培训、降低商业银行贷款利率、减少电网接入和送出成本，可以大大降低新能源非技术成本，对促进新能源产业投资有积极影响。

8.2.5 有效解决我国新能源产业宏观投资效率中存在的问题

为解决我国新能源产业宏观投资效率中存在的问题，主要措施有：优化资金配置水平、加强自主技术研发、增强投资管理水平和提高投资规模经济。

(1)优化资金配置水平

当前，我国新能源产业投资主要集中在太阳能和风能，少部分是生物质能投资，2016年太阳能和风电投资占新能源产业投资比例为 95.65%。在静态和动态评价中，分别有 6 年和 4 年处于无效率状态，主要是投资占各种新能源产业的比例不均衡。从各种新能源技术经济性比较来看，生物质能优于太阳能和风能，但投资占比较少。因此合理分配各种新能源的投资比例，特别是加大生物质能产业的投入，优化资金分配，从而提高我国新能源产业的宏观投资效率。

(2)加强自主技术研发

我国新能源产业宏观投资效率主要依靠规模效率推动，技术进步推动贡献较小。我国新能源产业发展早期主要依靠进口设备，虽经过 20 多年的发展，自主研发技术水平得到一定提升，但随着固定资产折旧和新一代技术的更新，自主研发水平还不能及时补上，尚未完全掌握新能源产业发展的核心技术，对我国新能源产业投资和发展有较大的阻碍。因此，加强自主技术研发，将有助于增强我国新能源产业在国际竞争中的地位，保持技术领先优势。

（3）增强投资管理水平

虽然每年我国新能源产业投资纯技术效率指数大于 1，但平均年增长幅度仅为 1.4%，表明我国新能源产业投资的管理水平有待提高。增强投资管理水平包括在投资规划、建设、融资、运营等方面，投资管理水平高可以大大降低运营成本，而运营成本是决定投资成本的关键。因此，加强投资管理水平，可以降低投资成本，促进新能源产业投资，有效提高我国新能源产业的宏观投资效率。

（4）提高投资规模经济

从投资收益水平来看，2013 年开始，规模收益呈递减趋势，说明单靠投资规模难以提升宏观投资效率。因此，适当降低投资规模，转向依靠提高规模经济管理水平，才能更有效地提高宏观投资效率。一方面要有序规划新能源产业投资规模，避免"一蜂而上"造成产能过剩和出现弃风和弃光的现象；另一方面要保持投资政策的连续性和稳定性，避免各个地方政府为促进经济发展和完成"招商引资"任务，盲目、快速建设新能源项目。

8.2.6 有效解决我国新能源产业宏观经济效应中存在的问题

为解决新能源产业宏观经济效应不明显的问题，主要措施包括：重视新能源消费对经济的促进作用、重视技术进步的直接和间接促进作用、重视产业结构调整对就业增长的促进作用和重视投资效率的提升对宏观经济效应的作用。

（1）重视新能源消费对经济的促进作用

我国新能源产业投资与新能源消费呈单向因果关系，即新能源产业投资可以增加新能源消费比例。而从联立方程模型实证分析来看，两者呈负向关系，即新能源产业投资不利于新能源消费。造成两者相矛盾的原因主要是与我国"重生产、轻消费""重建设、轻应用"的政策体系有关，虽然我国在新能源产业上投资了大量的资金，但是由于传统利益集团和体制的阻碍，新能源消费比例提升较慢。因此，加快新能源应用推广，重视新能源消费，既可有效解决新能源消纳问题，也有利于促进经济发展。

（2）重视技术进步的直接和间接促进作用

技术进步对新能源产业投资宏观经济效应的作用分为直接作用和间接作用。一方面，技术进步对经济增长和碳排放强度减少有直接的影响，系数分别为 0.177 和 −0.421，即每提高 1% 的技术进步效率，将增加 0.177% 的经济产出和降低 0.421% 的碳排放强度。另一方面，技术进步对新能源消费增加有间接作用，首先通过经济增长可以促进新能源消费。当前我国新能源技术主要依靠进口，虽掌握了部分新能源技术，如国产风电机组和光伏多晶硅切割线技术，但核心技术还是依赖进口，因此加快我国自主技术研发迫在眉睫。同时提高技术进步效率，有利于提升宏观经济效应。

(3) 重视产业结构调整对就业增长的促进作用

从产业结构与就业增长的实证分析来看，两者系数为 0.478，即每增加 1% 的第三产业比例，将增加 0.478% 的就业人数。新能源产业属于技术密集型和劳动密集型产业，通过调整我国产业结构，不仅能促进我国新能源产业的直接就业，也能提高间接就业。因此，提升第三产业的比例有利于增加新能源产业就业。

(4) 重视投资效率的提升对宏观经济效应的作用

我国新能源产业投资与宏观投资效率呈单向因果关系，即增加新能源产业投资可以促进宏观投资效率的提升，宏观投资效率的提升可以提高技术进步指标和提高规模效率水平。技术进步对宏观经济效应存在直接和间接的促进作用，规模效率水平也有利于新能源就业的增加，规模效率水平和新能源就业实证系数为 0.553，即每提高 1% 的规模效率水平将增加 0.553% 的就业增长。因此，宏观投资效率的提升可以间接提升宏观经济效应。

9 研究结论与进一步展望

9.1 研究结论

本书的核心观点：兼顾产业性、公共性和网络性是新能源产业投资的基本原则，通过供给侧结构性改革，提升新能源产业投资效率和提高宏观经济效应，使新能源产业投资成为经济、社会和环境协调发展的新动能。

第一，兼顾"三性"是基本原则。从新能源产业投资成败的原因来看，兼顾新能源投资的产业性、公共性和网络性是构建新能源产业投资的基本原则，无论忽略哪一个都将导致走上弯路。

第二，构建投资战略新体系是方向。新时代背景下，构建新能源产业投资战略体系关系到产业发展的好坏与快慢。或侧重产业性，或侧重公共性，或侧重网络性，都不能将一国新能源产业发展好。因此，在发展新能源产业时，必须明确投资战略定位，才能更好地发展新能源产业。

第三，供给侧结构性改革是关键。当前我国新能源产业投资存在众多问题，如投资效率不高、宏观经济不明显等，既有管理问题，也有制度问题。因此，应用供给侧结构改革相关理论去解决新能源产业投资中存在的问题是新能源产业发展的关键。

第四，寻找经济发展新动能是目的。供给侧结构性改革的目的就是为了激活市场，寻找经济发展新动能。新能源投资的产业性，不仅节约了资源，保护了环境，而且可以作为经济发展的新动力。

本书通过定性和定量实证分析，对我国新能源产业投资问题进行了研究，得出了如下结论。

（1）构建我国新能源产业投资战略定位

在兼顾新能源产业投资"三性"基本原则下，构建我国新能源产业投资的战略定位，提出"技术领先+低碳经济+智能电网"的战略思想，完成新能源由技术革命向产业革命和能源革命转型的发展目标。

（2）我国新能源产业投资对宏观经济效应有正向促进作用

本书运用 VAR 模型和联立方程模型实证分析新能源产业投资与宏观经济效应的关系，

得出：新能源产业投资与 GDP、新能源就业、碳排放强度存在单向因果关系，且系数分别为 0.138、0.296 和 -0.274，即每增加 1% 的新能源产业投资，将促进 0.138% 的 GDP 增长、0.296% 的就业增长以及降低 0.274% 的碳排放强度。

（3）技术进步是提高我国新能源产业宏观投资效率的有效办法

本书通过对我国新能源产业的宏观投资效率分析，发现纯技术效率和规模效率变化每年分别保持 1.4% 和 13% 的速度增长，但技术进步指数却呈现出 1.7% 的降幅趋势。因此，除了提升纯技术效率和规模效率变化指标外，提升我国新能源产业的宏观投资效率最有效的办法就是提升技术进步指数。提升技术进步的措施包括引进、吸收和消化国外引进技术，加大研发投入，加快自主研发技术等。

（4）对我国新能源产业是否"投资过度"问题的判断

本书认为，当前我国新能源产业投资整体上不存在"投资过度"问题，仅在 2014 年和 2015 年存在冗余投资，冗余比例分别为 9.01% 和 22.8%，但从 2013 年开始我国新能源产业投资处于规模效率递减状态，因此需适度加强投资规模管理。

（5）提高我国新能源产业投资宏观经济效应要注重供给侧结构性改革

本书运用联立方程模型对新能源产业投资宏观经济效应的影响因素进行分析，影响因素包括城镇化水平、产业结构、能源强度、人口密度。实证结果得出：提高城市化水平有利于经济增长和就业增长，提升第三产业比例有利于能源经济安全，降低能源强度有利于碳排放强度的减少，降低人口密度有利于能源经济安全提升。因此，通过调整产业结构、降低能源强度、加快城镇化水平等相关措施有利于提高我国新能源产业投资的宏观经济效应。这些措施正是我国当前供给侧结构性改革的主要内容。本书提出供给侧改革的方向是新能源要素市场改革、制度改革和技术创新等。

9.2 进一步展望

关于我国新能源产业投资问题的研究博大精深，本书尽管对宏观投资效率和宏观经济效应问题进行了尝试研究，但真正要有效解决该问题仍需笔者及社会各界人士孜孜不倦的努力。本书只选取了部分指标来对宏观投资效率和宏观经济效应进行简单研究和分析，分析方法和指标不全面，对下一步的研究工作作如下展望。

（1）继续探讨宏观经济效应研究，对其指标进行完善

由于数据、时间和精力有限，未能将新能源产业的宏观经济效应指标进行细分和研究，接下来可从环境质量、健康等指标进行研究，并测算其相关影响。

（2）进一步完善宏观投资效率测算方法和指标

虽然本书对新能源产业宏观投资效率进行了测算，但因数据有限，投入指标过于简单，且没有细分各类新能源的投资金额，接下来可分类新能源投资，增加投入指标对宏观经济效率进行测算。

（3）进一步细化投资宏观经济效应测算方法

虽然本书运用 VAR 模型对新能源投资宏观经济效应进行了测算，但因数据有限，不能对四项指标进行整体分析，只能分两组进行实证研究，这对结果有一定的影响。在未来，可收集更多数据，运用 VAR 模型对其整体宏观经济效应进行测算。

（4）继续探索我国新能源产业投资战略定位问题

新能源产业属于战略性新兴产业，虽然本书就新能源产业投资战略定位问题作了简单回答，但仍需进一步探索和研究。

参 考 文 献

[1]阿瑟，刘易斯．经济增长理论 [M]．周师铭，沈丙杰，沈伯根，译．北京：商务印书馆，1996．

[2]艾凌宇，林静．中国近几年宏观投资效率研究 [J]．太原：山西大学学报，2009(3)．

[3]保罗·罗伯茨．石油的终结 [M]．吴文忠，译．北京：中信出版社，2005．

[4]白颐．美国和巴西生物燃料发展的几点启迪 [J]．化学工业，2007(2)．

[5]白积洋．中国文化产业投资效率的实证检验 [J]．西宁：广西财经学院学报，2012(5)．

[6]曹玲．日本新能源产业政策分析 [D]．长春：吉林大学，2010．

[7]曹寅．"中国能源互联网之路"白皮书 [J]．电器工业，2015(7)．

[8]柴麒敏．新能源产业投资：一场危险的游戏 [J]．中国经济信息，2015(21)．

[9]陈钢．我国新能源产业的政府补贴研究 [D]．杭州：浙江财经学院，2012．

[10]陈凯，史红亮．清洁能源发展研究 [M]．上海：上海财经大学出版社，2008．

[11]陈柳钦．日本的低碳发展路径 [J]．环境经济，2010(3)．

[12]陈永昌．巴黎气候变化大会助推绿色经济发展 [J]．北方经贸，2016(1)．

[13]陈荣荣，孙韵琳，陈思铭，沈辉．并网光伏发电项目的 LCOE 分析 [J]．可再生能源，2015(5)．

[14]陈赟，严正．可再生能源并网发电的可靠性分析和节能分析 [J]．水电能源科学，2009(2)．

[15]陈婉．日本新能源消费对经济增长的影响及启示 [D]．武汉：湖北大学，2014．

[16]陈伟．日本新能源产业发展及其与中国的比较 [J]．中国人口·资源与环境，2010(6)．

[17]陈雅琳，高吉喜，李咏红．中国化石能源以生物质能能源替代的潜力和环境效应研究 [J]．数学的实践与认识，2008．

[18]陈张杭健，王力．我国宏观投资效率实证研究 [J]．安徽科技学院学报，2015(4)．

[19]成刚．数据包络线分析方法与 MaxDEA 软件 [M]．北京：知识产权出版社，2014．

[20]程春华，刘频妃，聂平平，等．欧盟能源政策新动向 [J]．国际石油经济，2007．

[21]程荃．欧盟新能源法律与政策研究 [M]．武汉：武汉大学出版社，2012．

[22]褚王涛．从美国能源政策演进看奥巴马能源政策宣言 [J]．生产力研究，2010(1)．

[23]戴鸿丽，马喆．论宏观投资效率测度的指标与方法 [J]．经济研究导刊，2007(4)．

[24] 戴杰超. 基于可再生能源发电并网外部性的电价形成机制研究 [D]. 北京：华北电力大学，2014.

[25] 丁秋琴，史小丽. 从发达国家新能源产业发展策略看我国新能源产业发展 [J]. 新财经，2010(9).

[26] 独军利. 我国金融发展与宏观投资效率关系研究 [J]. 金融经济，2016(10).

[27] 杜两省. 投资与经济增长 [M]. 北京：中国财政经济出版社，1996.

[28] 杜丽群. 投资与经济增长关系的历史和现实考察 [M]. 北京：中国经济出版社，2008.

[29] 樊潇彦. 经济增长与中国宏观投资效率 [D]. 上海：复旦大学，2005.

[30] 房照增. 美国国家能源政策介绍 [J]. 中国煤炭，2001(9).

[31] 符力文. 清洁能源发电并网经济外部性分析及电价形成机制研究 [D]. 北京：华北电力大学，2012.

[32] 弗兰克·奈特. 风险、不确定性和利润 [M]. 安佳，译. 北京：商务印书馆，2010.

[33] 盖国凤. 投资自我决定及宏观投资效率测度体系 [J]. 工业技术经济，2007(4).

[34] 高辉清. 效率与代际公平——循环经济的经济学分析与政策选择 [M]. 杭州：浙江大学出版社，2008.

[35] 龚向前. 能源法的变革与低碳经济时代 [N]. 中国石油报，2006.

[36] 龚雅弦. 发展生物质能产业的影响因素研究 [D]. 上海：上海交通大学，2008.

[37] 郭立伟. 新能源产业集群发展机理与模式研究 [D]. 杭州：浙江大学，2014.

[38] 郭四代. 中国新能源消费与经济增长的关系的实证研究 [D]. 北京：中国地质大学，2014.

[39] 国务院关于加快培育和发展战略性新兴产业的决定 [EB/OL]. (2010-10-10) [2010-10-18]. http://www.gov.cn/zhengce/content/2010/10/18/content_1274.htm.

[40] 郭超英. 我国新能源产业发展政策研究 [D]. 成都：西南石油大学，2011.

[41] 过启渊. 美国新能源开发战略 [J]. 世界经济文汇，1985(5).

[42] 郭勇. 核电消费与中国经济增长：基于 VAR 模型的研究 [J]. 求索，2009(9).

[43] 韩薇. 我国新能源产业补贴法律制度研究 [D]. 合肥：安徽大学，2014.

[44] 华坚，祁智国，马殷琳. 基于省域(面板)数据的我国水利建设投资效率研究 [J]. 水利经济，2015(2).

[45] 宦佳. 全球能源格局迎来"供给侧改革" [N]. 人民日报(海外版)，2016(7).

[46] 黄良文. 投资学 [M]. 北京：中国对外经济贸易出版社，1999.

[47] 韩立岩，蔡红艳. 我国资本配置效率及其与金融市场关系评价研究 [J]. 管理世界，2001(1).

[48] 霍宗杰，周彩云. 我国经济增长、能源结构与能源消费关系的实证研究 [J]. 当代经济管理，2010(5).

[49] 蒋先玲，王琰，吕东锴. 新能源产业发展中的金融支持路径分析 [J]. 经济纵横，

2010(8).

[50]雷鸣.日本节能与新能源产业发展战略研究[D].长春:吉林大学,2009.

[51]栗宝卿.促进可再生能源发展的财税政策研究[M].北京:中国税务出版社,2010.

[52]李东霖.战略新兴产业发展研究[D].北京:中共中央党校,2015.

[53]李博.美国应对气候变化法律政策研究与启示[D].北京:中国人民大学,2010:
14-19.

[54]李东霖.战略新兴产业发展研究[D].北京:中共中央党校,2015.

[55]李继峰.能源供给侧改革须有的放矢[N].中国能源报,2016-03-30(5).

[56]李俊峰.中国分布式光伏投融资机制研究[R].中丹可再生能源发展项目,2014-5-
20. http://docin.com/p-2113196996.html.

[57]李俊元.投融资体制比较[M].北京:机械工业出版社,2003.

[58]李刚,栾鹏,刘亚改,等.浅析美国新能源产业政策及对我国的影响[J].中国国土
资源经济,2009(3).

[59]李兴鹏.新能源产业并网的关键技术研究[D].杭州:浙江大学,2013.

[60]李治国,唐国兴.资本形成路径与资本存量调整模型[J].经济研究,2003(2).

[61]罗盼盼.国际可再生能源政策变迁研究[D].兰州:兰州大学,2013.

[62]林伯强.高级能源经济学[M].北京:中国财政经济出版社,2009.

[63]林琳.福建省新能源消费与经济增长关系的实证分析[J].福建省社会主义科学报,
2012(1).

[64]林珏,闫建勋.石油价格与当前可替代能源供需变动相关性分析[J].亚太经济,
2009(3).

[65]林毅夫.新结构经济学:反思经济发展与政策的理论框架[M].北京:北京大学出
版社,2012.

[66]林毅夫.补短板是供给侧结构性改革的"活棋"[J].财经界(学术版),2017(5).

[67]林毅夫.供给侧结构性改革彰显我国制度优越性[J].经济研究信息,2017(1).

[68]林毅夫.供给侧结构性改革[M].北京:民主与建设出版社,2016.

[69]林卫斌,苏剑.理解供给侧改革:能源视角[J].价格理论与实践,2015(12).

[70]刘亚丽.甘肃省能源消费与经济增长关系的研究——基于新能源产业方向[D].兰
州:西北师范大学,2013.

[71]刘琼.我国新能源产业上市公司财政补贴效应分析[D].合肥:安徽大学,2013.

[72]刘坚,任东明.欧盟能源转型的路径及对我国的启示[J].中国能源,2013(12).

[73]刘诗瑶.创新我国环境保护投融资机制研究[D].成都:四川省社会科学院,2010.

[74]刘松万.发展新能源产业的财政政策与措施[J].山东社会科学,2009(11).

[75]刘伟,李绍荣.所有制变化与经济增长和要素效率提升[J].经济研究,2001(1).

[76]刘岩,于渤,洪富艳.基于可持续发展的可再生能源替代动态增长模型研究[J].中
国软科学,2011.

[77]陆永娟. 我国地方政府职能优化工具研究 [D]. 苏州：苏州大学，2014.

[78]罗伯特·M. 索洛，等. 经济增长因素分析 [M]. 史清琪，等，译. 北京：商务印书馆，1998.

[79]罗伯特·J. 巴罗，哈维尔·萨拉伊马丁. 经济增长 [M]. 何晖，刘明兴，译. 北京：中国社会科学出版社，2000.

[80]吕慧锦. 河南省宏观投资效率问题研究 [D]. 郑州：郑州大学，2013.

[81]吕靖峰. 我国风能产业发展及政策研究 [D]. 北京：中央民族大学，2013.

[82]吕江. 英国新能源产业法律与政策研究 [M]. 武汉：武汉大学出版社，2012.

[83]马红，王元月. 投资规模、投资效率与宏观经济环境 [J]. 商业研究，2017.

[84]孟浩，陈颖健. 基于层次分析法的新能源产业发展能力综合评价 [J]. 中国科技论坛，2010(6).

[85]门丹. 美国推进新能源发展的财政支出政策研究 [J]. 生态经济，2013(4).

[86]宁俊飞. 基于新能源产业视角的碳锁定困境与政策研究 [D]. 天津：南开大学，2012.

[87]欧盟能源政策绿皮书主要内容 [J]. 中国石油和化工标准与质量，2006(8).

[88]欧盟可再生能源发展经验 [J]. 世界科技研究与发展，2005(5).

[89]欧文·E. 休斯. 公共管理导论 [M]. 张成福，等，译. 北京：人民大学出版社，2007.

[90]潘文卿，张伟. 中国资本配置效率与金融发展相差性研究 [J]. 管理世界，2003(8).

[91]裴永刚. 印度新能源产业政策及其评析 [J]. 国土资源情报，2009(9).

[92]彭鹏. 微型电网：未来无可限量 [J]. 华为技术，2011(12).

[93]钱伯章. 可再生能源发展综述 [M]. 北京：科学出版社，2010.

[94]秦朵，宋海岩. 改革中的过度投资需求和效率损失——中国分省固定资产投资案例分析 [J]. 经济学(季刊)，2003(4).

[95]任东明. 中国新能源产业的发展和制度创新 [J]. 中外能源，2011(1).

[96]任东明，陶冶. 我国可再生能源绿色证书交易系统运行模式研究 [J]. 中国能源，2013(7).

[97]任皓. 新能源危机中的大国对策 [M]. 北京：石油工业出版社，2014.

[98]尚红云. 中国能源投入产出问题研究 [M]. 北京：北京师范大学出版社，2011.

[99]沈坤荣. 中国经济增长论 [M]. 北京：人民出版社，2001.

[100]沈满洪. 环境经济手段研究 [M]. 北京：中国环境科学出版社，2001.

[101]石高宏. 企业的性质——从企业家角度的透析 [D]. 西安：西北大学，2003.

[102]时璟丽. 关于在电力市场环境下建立和促进可再生能源发电价格体系的研究 [J]. 中国能源，2008.

[103]史丹. 新能源产业发展与政策研究 [M]. 北京：中国社会科学出版社，2015.

[104]史永东，齐鹰飞. 中国经济的动态效率 [J]. 世界经济，2002(8).

[105]宋双勇. 我国新能源经济发展过程中的制度创新问题研究 [D]. 长春：吉林大学，2010.

[106]孙鹏. 可再生能源发电产业发展与上网价格规则研究 [M]. 武汉：武汉大学出版社，2015.

[107]孙祥栋. 供给侧改革背景下的能源转型：集约与优化 [N]. 中国能源报，2016-03-23.

[108]汤祚楚，唐要家. 石油价格波动对新能源开发利用影响的实证分析 [J]. 价格月刊，2010.

[109]田宇. 我国新能源产业财税政策研究 [D]. 北京：北京交通大学，2015.

[110]王春梅. 节能减排对策略论 [J]. 绿色科技，2011.

[111]王郡红. 中国环保产业投融资机制及效应研究 [D]. 青岛：中国海洋大学，2008.

[112]王昊楠. 欧盟可再生能源立法发展及其对我国的启示 [D]. 上海：华东政法大学，2011.

[113]王坚强，阳建军. 基于 DEA 模型的企业投资效率评价 [J]. 科研管理，2010(3).

[114]王立国. 隐性投资效率损失问题研究 [J]. 投资研究，2007(2).

[115]王红岩，李景明，赵群，林英姬. 中国新能源资源基础及发展前景展望 [J]. 石油学报，2009(3).

[116]王可强. 基于低碳经济的产业结构优化研究 [D]. 长春：吉林大学，2012.

[117]王立国. 隐性投资效率损失问题研究 [J]. 投资研究，2007(2).

[118]王淑娟. 从度电成本分析光伏的平价上网 [J]. 智汇光伏，2017.

[119]王庆忠. 中国循环经济投融资机制研究 [D]. 北京：北京工业大学，2007.

[120]王顺. 促进新能源电力产业投资的理论应用和政策导向研究 [D]. 北京：财政部财政科学研究所，2011.

[121]王廷康，唐晶. 美国能源政策的启示及我国新能源发展对策 [J]. 西南石油大学学报，2009.

[122]王文军. 中国环保产业投融资机制研究 [D]. 咸阳：西北农林科技大学，2007.

[123]王小鲁，樊纲，刘鹏. 中国经济增长方式转换和增长可持续性 [J]. 经济研究，2009(3).

[124]王晓苏. 欧洲碳价有望绝地反弹 [N]. 中国能源报，2014.

[125]王仲颖，任东明，高虎. 中国可再生能源产业发展报告 [M]. 北京：中国经济出版社，2014.

[126]汪旭晖，刘勇. 中国能源消费与经济增长：基于协整分析和 Granger 因果检验 [J]. 资源科学，2007.

[127]魏曙光. 循环经济理念下的我国新兴能源发展战略若干问题研究 [M]. 北京：经济科学出版社，2012.

[128]魏一鸣. 关于我国碳排放问题的若干对策与建议 [J]. 中国科学院院刊，2006(1).

[129]尉雪波，周晶．改革开放以来山东省宏观经济投资效率分析［J］．山东财政学院学报，2011．

[130]文雪婷，汪德华．中国宏观投资效率的变化趋势及地方政府性债务的影响——基于地级市融资平台数据的分析［J］．投资研究，2017．

[131]武剑．外国直接投资的区域分布及其经济增长效应［J］．经济研究，2002．

[132]吴杰．我国可再生能源投融资研究［D］．上海：上海交通大学，2006．

[133]吴敬琏．供给侧改革［M］．北京：中国文史出版社，2016．

[134]吴敬琏，厉以宁，郑永年．读懂供给侧改革［M］．北京：中信出版社，2016．

[135]吴敬琏，厉以宁，林毅夫．解码"供给侧改革"［M］．北京：群言出版社，2016．

[136]吴文建．资源环境约束下的新能源上网定价激励机制研究［D］．重庆：重庆大学，2013．

[137]肖林．新供给经济学：供给侧结构性改革与持续增长［M］．上海：格致出版社，2016．

[138]肖黎明．可再生能源发电项目电价政策执行情况及其完善建议［J］．价格理论与实践，2009．

[139]肖丽，陈浩．基于产业结构视角的重庆市宏观投资效率研究［J］．重庆工商大学学报(社会科学版)，2009(3)．

[140]谢端．我国新能源产业融资效率的影响因素研究［D］．南昌：江西师范大学，2011．

[141]谢识予．有限理性条件下的演化博弈理论［J］．上海财经大学学报，2001．

[142]熊良琼，吴刚．世界典型国家可再生能源政策比较分析及对我国的启示［J］．中国能源，2009．

[143]习近平．习近平谈治国理政［M］．北京：外文出版社，2014．

[144]徐楚锟．政府引导下的低碳经济融资方式研究［D］．南昌：江西财经大学，2010．

[145]徐蔚莉，李亚楠，王华君．燃煤火电与风电完全成本比较分析［J］．风能，2014(6)．

[146]许小年．供给侧改革如何增加有效供给？［J］．财经界，2016．

[147]亚当·斯密．国民财富的性质和原因的研究[M]．郭大力，王亚南，译．北京：商务印书馆，1972．

[148]杨飞虎．中国经济增长因素分析［J］．经济问题探索，2010．

[149]杨文亚．杭州市电动汽车社会技术系统创新和政策研究——基于系统动力学仿真［D］．杭州：浙江大学，2014．

[150]杨振发．国际能源法发展趋势研究——兼论对中国能源安全的影响［M］．北京：知识产权出版社，2014．

[151]杨彦强．低碳经济条件下的我国能源安全问题［M］．北京：光明日报出版社，2014．

[152]杨泽伟．发达国家新能源法律与政策研究［M］．武汉：武汉大学出版社，2011．

[153]姚芊．投资制度变迁对我国宏观投资效率影响研究［J］．辽宁师范大学学报(社会科

学版），2017(3).

[154]叶玉，刘宗义. 中印能源政策比较研究［J］. 南亚研究，2010(3).

[155]殷红. 能源政策在俄罗斯经济好转中的作用［J］. 西伯利亚研究，2007(6).

[156]殷红. 试析俄罗斯能源政策及其经济影响［J］. 俄罗斯中亚东欧研究，2007(5).

[157]尹超. 我国新能源产业对经济增长影响程度的实证研究［D］. 保定：河北大学，2014.

[158]于国安. 政府规则、政府职能与公共物品供给效率研究［D］. 济南：山东大学，2004.

[159]余伟杰. 中国环境政策、二氧化碳减排与经济低碳化路径的选择［D］. 合肥：合肥工业大学，2013.

[160]袁炜，成金华. 中国清洁能源发展现状和管理机制研究［J］. 理论月刊，2008(12).

[161]袁志刚，宋铮. 人口年龄结构、养老保险制度与最优储蓄［J］. 经济研究，2000(11).

[162]袁志刚，何樟勇. 20世纪90年代以来中国经济的动态效率［J］. 经济研究，2003(7).

[163]约翰·梅纳德·史密斯. 演化与博弈论［M］. 潘春阳，译. 上海：复旦大学出版社，2008.

[164]武献华. 袁珮. 我国经济转型期投资效率问题研究——基于RBC模型的分析［J］. 财经问题研究，2013(1).

[165]于立宏. 中国可再生能源促进政策有效性研究：以风电为例［R］. 我国管理学会本书集，2008.

[166]曾鸣，张晓春，王丽华. 以能源互联网思维推动能源供给侧改革［J］. 电力建设，2016(4).

[167]詹姆斯·柯林斯，杰里·波拉斯. 企业不败［M］. 刘国远，等，译. 北京：新华出版社，1998.

[168]章义发. 2009年欧盟能源政策新变化［J］. 高科技与产业化，2010(2).

[169]张国有. 对中国新能源产业发展的战略思考［J］. 经济与管理研究，2009(11).

[170]张极井. 项目融资［M］. 北京：中信出版社，2003.

[171]张军. 增长、资本、成本与技术选择：解释中国经济增长下降的长期因素［J］. 经济学，2002(2).

[172]张宪昌. 我国新能源产业发展政策研究［D］. 北京：中共中央党校，2014.

[173]张军，施少华，陈诗一. 中国的工业改革与效率变化——方法、数据、文献和现有的结果［J］. 经济学(季刊)，2003(1).

[174]张子瑞. 供给侧改革助推中国成为新能源强国［N］. 中国能源报，2016-03-17(5).

[175]赵振全，薛丰慧. 金融发展对经济增长影响的实证分析［J］. 金融研究，2004(8).

[176]赵景峰. 贸易投资与经济增长的相关性研究［M］. 咸阳：西北农林科技大学出版

社，2006.

[177]郑琪.基于博弈论的新能源上网电价定价问题研究 [D].郑州：郑州大学，2013.

[178]郑月龙，张卫国.新城镇化下新能源投融资机制的演化博弈研究 [J].重庆大学学报(社会科学版)，2014(2).

[179]曹新，等.中国新能源发展战略问题研究 [J].经济研究参考，2011(52).

[180]周珂，李博.哥本哈根会议与我国低碳经济的法律保障：以受试着的知情告知切入 [J].法学杂志，2010(7).

[181]Abel A, G. Mankiw, L. Summers, and R. Zeckhauser. Assesing Dynamic Efficiency：Theory and Evidence [J]. Revies of Economic Studies, 1989(56).

[182]Akarca,Long. On the Relationship between Energy and GNP：Reexamination [J]. Journal of Energy and Development, 1980.

[183]Andersen P, Petersen N C. A Procedure for ranking efficient units in data envelopment Analysis [J]. Management Science, 1993(39).

[184]Aparicio J, Ruiz J L, Sirvent I. Closest targets and minimum distance to the Pareto-efficient frontier in DEA [J]. Journal of Productivity Analysis, 2007(28).

[185]Avril, S., Mansilla, C., Busson, M., Lernaire, T., Photovoltaic Energy Policy：Estimation and Performance Comparison of the Public Support in Five Representative countries [J]. Energy Policy, 2012, 51(12).

[186]Banker R D, Charnes A, Cooper WW. Some models for estimating technical and scale inefficiencies in data envelopment Analysisi [J]. Management Science, 1984(30).

[187]Berry, Trent, Jaccard, Mark. The Renewable Portfolio Standard：Design Consderations and Implemention Survey[J]. Energy Policy, 2001(29).

[188]Coase. Ronald H. The Nature of the firm [M]. New Jersey：Economica, 1937.

[189]Chakravorty. U, Roumasset. J and Tse. K. Endogenous substitution among energy resources and global warming [J]. The Journal of Political Economy, 1997, 105(6).

[190]Charnes A, Cooper W W, Rhodes E. Measuring the efficiency of decision making units [J]. European Journal of Operational Research, 1978(2).

[191]Chung Y H, Fare R, Grosskopf S. Productivity and underable outputs：A directional distance function approcha[J]. Journal of Enviromental Managemet, 1997(51).

[192]Cherni J A, Kentish J. Renewable energy policy and electricity market reforms in China [J]. Energy Policy, 2007.

[193]Duffield, James A. 1. Evolution of renewable energy policy [J]. Choices, 2006.

[194]Darrin Magee. Green Innovation in China：China's Wind Power Industry and the Global Transition to a Low-Carbon Economy [J]. Journal of Chinese Political Science, 2015.

[195]Danyel Reiche and Mischa Bechberger. Policy differences in the promotion of renewable energies in the EU member states [J]. Energy Policy, 2004.

［196］European Commission. Renewable Energy: Progressing towards the 2020 target ［R］. 2011. http://aei.pitt.edu/57721/1/COM_ (2011)_ 31_ final.pdf.

［197］Fare R, Grosskopf S, Lindgren B, Roos P. Productivity changes in Swedish pharamacies 1980-1989: A non-parametric Malmquist approach ［J］. Journal of Productivity Analysisi, 1992(3).

［198］Fare R, Grosskopf S, Norris M, Zhang Z. Productivity Growth, Technical Progress, and Efficiency Change in Industrialized Counrtries［J］. American Economic Revies, 1994 (84).

［199］Friedman D., K.C.F. International trade and the internal organization of firms: An evolutionary approach ［J］. Journal of International Economics, 1996.

［200］Gerlagh, R, van der, Zwaan, BCC. Options and instruments for a deep cut in CO_2 emissions: Carbon capture or renewables, taxes or subsidies［J］. Energy Journal, 2006.

［201］Gerlagh R, Van der Zwaan B. Options and Instruments for a Deep Cut in CO_2 Emissions: Carbon Dioxide Capture or Renewables, Taxes or Subsidies? ［J］. Energy Journal, 2006 (3).

［202］Giuseppe. D.V. natural resources dynamics: exhaustible and renewable resources and the rate of technical substitution ［J］. Resources Policy, 2006, 31(3).

［203］Goeller, D.P. and Weinberg, A.M. The Age of Subsitutability［J］. Science, 1976.

［204］Grau, Thilo, Huo, Molin, Neuhoff, Karsten. Survey of Photovoltaic Industry and Policy in Germany and China ［J］. Energy Policy, 2012.

［205］Howard Geller. Energy Revolution ［M］. Island Press, 2003.

［206］Huo, Mo-lin, Zhang, Dan-wei. Lessons from Photovoltaic Policies in China for Future Development ［J］. Energy Policy, 2012, 51(12).

［207］Hvelplund F. Innovative democracy and renewable energy strategies: a full-scale experiment in Denmark 1976-2010［J］. Energy, Policy and the Environment, 2011.

［208］Jacobsson R, Jacobsson S. The emerging funding gap for the European Energy Sector-Will the financial sector deliver? ［J］. Environmental Innovation and Societal Transitions, 2012.

［209］Jacobsson, S., Lauber, V. The Politics and Policy of Energy System Transformaion: Explaining the German Diffusion of Renewable Energy Technology ［J］. Energy Policy, 2006, 34(3).

［210］Jon1 Kellett. Community-based energy policy—A practical approach to carbon reduction ［J］. Journal of Environmental Planning and Management, 2007.

［211］Johnstone. N, Hascic. I and Popp. D. Renewable energy policies and technological innovation: evidence based on patent counts ［J］. NBER Working Paper, 2008.

［212］Jeffrey M Loiter, Vieki Norberg Bohm. Technology Policy and Renewable Energy: Public

Roles in the Development of New Energy Technologies [J]. Energy Policy, 1999.

[213] Joanna I. Lewis and Ryan H. Wiserb. Fostering a renewable energy technology industry: An international comparison of wind industry Policy support mechanisms [J]. Energy Policy, 2007.

[214] Kaldor, N. Capital Accumulation and Economic Growth [J]. The Theory of Capital, 1966.

[215] K. H. Solangi, M. R. Islam, R. Saidur, N. A. Rahim and H. Fayaz. A review on global solar energy policy[J]. Renewable and Sustainable Energy Reviews, 2011.

[216] Kraft, J. Kraft, A. On the Relationship Between Energy and GNP [J]. Journal of Energy and Development, 1978.

[217] Lee. CC, Chang. CP. Energy consumption and economic growth in Asian economies: A more comprehensive Analysis using panel data [J]. Resource and Energy Economics, 2008(30).

[218] Mallk Amin Aslam. Technology transfer under the CDM: materializing the myth in the Japanese context? [J]. Climate Policy, 2001(1).

[219] Malmquist S. Index numbers and indifference surfaces[J]. Trabajos de Estadisticay de Investigacion Operativa, 1953(4).

[220] Morthorst P E. The development of a green certificate market[J]. Energy Policy, 2000, 28(15).

[221] Ngugen, M. H. & P. Ngugen-Van. Growth and Convergence in A Model with Renewable And Nonrewable Resources [J]. Toulouse School of Economics, 2008.

[222] Ni weidou, Thomas B Johansson. Energy for sustainable development in China [M]. Energy Policy, 2004.

[223] Nicholas Apergis and James E. Payne. Renewable and non-renewable electricity consumption-growth nexus: Evidence from emerging market economies [J]. Applied Energy, 2011.

[224] Pablol, Del Río, Unruh, Gregory. Overcoming the lock-out of renewable energy technologies in Spain: The cases of wind and solar electricity [J]. Renewable and Sustainable Energy Reviews, 2007(11).

[225] Paul Komor. Renewable energy policy [M]. United Kingdom: Iuniverse. Inc, 2004.

[226] Rex J. Zedalis. International Energy Law: Rules Governing Future Exploration, Exploitation and Use of Renewable Resources [M]. United Kingdom: Ashgate/ Dartmouth, 2000.

[227] Sadorsky. P. Renewable energy consumption and income in emerging economics [M]. United Kingdom: Energy Policy, 2009, 37(10).

[228] Sanya Carley. The Era of State Energy Policy Innovation: A Review of Policy Instruments

[M]. United Kingdom: Review of Policy Research, 2011.

[229] Sarasa-Maestro, Carlos J. Rodolfo Dufo-López, José L. Bernal-Agustín. Photovoltaic Remuneration Policies in the European Union[J]. Energy Policy, 2013(55).

[230] Shoo Miao Lai, Chi Liang Liu, Taiehung Wang. Increased disclosure and Investment efficiency [J]. Taylor & Francis Journal, 2014, 21(3).

[231] Silveira, Jose Luz, Tuna, Celso Edurado, Lamas, Wendell De Queiroz. The Need of Subsidy for the Implementation of Photovoltaic Solar Energyas Supporting of Decentralized Electrical Power Generation in Brazil [J]. Renewable and Sustainable Energy Revews, 2013(20).

[232] Sim, C. An Autoregressive Index Model for the U. S. 1948-1975 [J]. Large-Scale Marco-Economy Models, 1981.

[233] Simone. B, Pulselli. R. M and Pulselli. F. M. Models of withdrawing renewable and non-renewable resources based on Odum's energy systems theory and daly's quasi-sustainablility principle [J]. Ecological Modeling, 2009, 220(16).

[234] Tone K. A slack-based measure of efficiency in data envelopment analysis [J]. European Journal of Operational Research, 2001(130).

[235] Ugur Soytasa, Ramazan Sarib and Bradley T. Ewingc. Energ consumption, Income and carbon emissions in the United States[J]. Ecological Economics, 2007.

[236] U. S. Energy Information Administration. Direct Federal Financial Interventions and Subsidies in Energy in Fiscal Year 2010.

[237] Walz. R, Schleich. J and Ragwitz. M. Regulation. innovation and wind power technologies-an empirical Analysis for OECD countries [J]. The DIME final conference, 2011, Maastricht.

[238] Yu, ESH, Choi, JY. The Causal Relationship between Energy and GNP: an International Comparison [J]. Journal of Energy and Development, 1985(10).

[239] Zhang, Jun. Investment. Investment Eiffeieney, and Eeonomic Growth in China [J]. Journal of Asian Economics, 2003.

[240] Zhang,Sufang, Andrews-Speed, Philip, Ji, Meiyun. The Erratic Path of the Low-Carbon Transition in China: Evolution of Solar PV Policy [J]. Energy Policy, 2014, 67(4).